KB138089

_____ 드림

기본으로 혁신하라

기본으로 혁신하라

초판 1쇄 인쇄 2020년 1월 22일
초판 1쇄 발행 2020년 1월 29일

지은이 이태철

발행인 장상진
발행처 (주)경향비피
등록번호 제2012-000228호
등록일자 2012년 7월 2일

주소 서울시 영등포구 양평동 2가 37-1번지 동아프라임밸리 507-508호
전화 1644-5613 | **팩스** 02) 304-5613

ⓒ 이태철

ISBN 978-89-6952-382-2 03320

· 값은 표지에 있습니다.
· 파본은 구입하신 서점에서 바꿔드립니다.

기본으로 혁신하라

B A S I C   I N N O V A T I O N

이태철 지음

경향BP

위기의 순간, '기본'을 다시 생각하다

누구나 위기를 만나면 변화를 생각한다.

대부분의 사람은 위기상황에서 기존의 것과 전혀 다른 새로운 방법만을 찾으려 한다. 사실 기본적인 것도 제대로 하지 못하는데, 무턱대고 '변화'라는 처방전을 꺼내니 우물가에서 숭늉을 찾는 격이다.

변화란 선택의 문제가 아닌 '생존의 문제'다. 자신을 둘러싼 환경이 변화하고 있는데 변화하지 않으면 도태되기 때문이다. 그러나 마땅히 해야 할 '기본'도 되어 있지 않은데, 어떻게 변화하고 혁신할 수 있겠는가? 기본이 제대로 되어 있으면, '외부 환경에 맞게 변화'하는 것은 '유기체의 본성'이다.

영국 웨스트민스터 사원의 지하 묘지에 있는 한 주교의 묘비에 이런 글이 쓰여 있다고 한다.

"내가 젊고 자유로워서 상상력에 한계가 없을 때
나는 세상을 변화시키겠다는 꿈을 가졌다.
좀 더 나이가 들고 지혜를 얻었을 때
나는 세상이 변하지 않으리라는 것을 알았다.
그래서 내 시야를 약간 좁혀
내가 살고 있는 나라를 변화시키겠다고 결심했다.
그러나 그것 역시 불가능한 일이었다.
황혼의 나이가 되었을 때 나는 마지막 시도로
나와 가장 가까운 내 가족을 변화시키겠다고 마음을 정했다.
그러나 아무도 달라지지 않았다
이제 죽음을 맞이하기 위해 자리에 누운 나는 문득 깨달았다.
만약 내가 내 자신을 먼저 변화시켰더라면
그것을 보고 내 가족이 변화되었을 것을
또한 그것에 용기를 얻어 내 나라를
더 좋은 곳으로 바꿀 수 있었을 것을
그리고 누가 아는가, 세상까지도 변화되었을지!
모든 것은 나로부터 시작된다.
그리고 모든 것은 내 안의 문제다."

여기서 묘비의 주인공은 도대체 무엇을 위해 '변화'하려고 했을까? 그가 남의 말에 귀를 기울여 잘 들어 주며, 예의바르고, 친절하게 행동하며, 어려운 이웃에도 관심과 애정을 가진 사람이었다면 다른 사람의 변화를 이끌어 낼 수 있지 않았을까?

사서(四書) 중 『대학(大學)』에도 변화에 대한 구절이 나온다.
'수신제가치국평천하(修身齊家治國平天下)'
'몸과 마음을 닦은 후에 집안이 바르게 된다. 집안이 바르게 된 후에 나라가 다스려진다. 나라가 다스려진 후에 천하가 태평해진다.'는 뜻이다.
여기서 말하는 변화가 '기본'이 아닐까?
사람이 세상을 살면서 마땅히 해야 하고 추구해야 하는 기본, 이 기본을 하지 못하는 사람은 다른 사람의 변화를 전혀 이끌어 내지 못한다.

'천릿길'도 '한 걸음'부터 시작해야 한다. 이것을 토대로 변화와 혁신이 가능하다. 위기일 때 이를 회피하면 더 큰 위험이 찾아온다. 도망쳐 간 곳에 낙원은 없다.
편법은 상황을 더 악화시킬 뿐이다. 반드시 기본에서 해답을 찾아야 한다. 기본은 '현실에 안주하는 것'도 '고리타분한 것'도 아니다. 일시적인 혁신은 오래가지 않는다. 모든 혁신 기업은 '기본'을 통해 발전하고 성장했다. 기본이 곧 혁신이다.

현장에서 많은 중소기업과 CEO들을 방문하고 만나면서 인생의 성공과 실패에 대해 많은 생각을 하였다. '성공'이란 '결과'가 아니라 '끊임없이 발전하는 과정'이라는 생각이 들었다. 그들을 접하면서 '성공하는 사람들의 공통적인 습관'에 대하여 발견했다. 그들이 공통적으로 '기본'을 실천하고 있는 사람들이라는 사실이다.

대다수의 중소기업 사장들이 하나같이 '기본'을 실천하는 것이 너무 힘들다고 한다. "시간과 자금, 인력이 없어서 못한다."고 말한다. 실제로 현실에서 기본을 실천하는 것은 의지의 문제다.

성장할 것인가? 퇴보할 것인가? 모든 것이 기본에 달렸다. 기본을 하기만 하면 현실에 맞게 변화하고 성장할 수 있다. 기본을 못하면 정체되거나 퇴보한다.

이 책을 읽는 모든 분이 기본을 갖춰 성공의 길로 나아가기를 바란다. 행운과 요행에 의한 성공은 잠깐이지만, 기본을 바탕으로 하면 지속적인 성공의 길로 나아갈 수 있을 것이다.

2020년 1월 새해 희망으로 가득한 날에

이태철

PART 1

생각대로 살지 않으면
사는 대로 생각하게 된다

꿈꾸는 자와 꿈꾸지 않는 자,
도대체 누가 미친 거요?

− 미겔 데 세르반테스

가치 있는 비전과
목표를 가져라

과거의 잘못을 단절하지 못하고 어제와 같은 오늘이 반복되는 이유는 간절히 원하는 목표가 없기 때문이다. 세운 목표가 구체적이지 않거나 허황된 비전일 경우 얼마 가지 못해 포기한다. 지레 짐작하여 자신의 가능성을 한계 짓거나 자기 비하에 빠져 있는 경우, 지금 있는 상태 그대로 만족하는 경우에도 발전하지 못하고 퇴보할 수밖에 없다. 에너지가 더 이상 공급되지 못해 추락하는 발사체처럼 삶도 나락에 떨어진다.

비전과 목표를 지닌 사람에게는 긍정적인 방향의 모멘텀이 작동한다. 삶의 전환점이 찾아오는 것이다. 부정적인 생각을 가진 사람은 좋지 않은 방향으로 삶이 전개된다. 우리는 숱한 사례에서 그것을 확인하고 있다.

그런데 많은 사람이 비전과 목표를 세우지 않는 이유는 그것의 효능을 알지 못하기 때문이다. 그 결과가 어떻게 되리라는 것을 안다고 하더라도 자신을 믿지 못하기 때문에 쉽사리 포기한다.

P사 J대표는 2004년 고등학교 선배의 꼬임에 빠져 다니던 은행을 사직하고 사업을 하게 되었다. 그가 자금 80%에 지분 40%를, 선배는 기술투자와 지분 40%를, 그의 후배는 지분 20%를 투자하는 조건이었다. 자본금이 1억 원이었는데 그가 자본금 70%와 운영비를 모두 부담하기로 하였다. 선배는 법인을 만들자마자 일주일도 지나지 않았는데, 20% 지분을 다른 사람에게 넘겼다. 알고 보니 선배가 그를 속여 사업을 하게 만든 것이다. 가지고 있던 기술도 이미 다른 사람에게 매도한 것을 알게 되었다. 선배는 속인 것이 들키자 나머지 지분 20%를 그에게 넘겨주고 떠났다. 그 이후로 선배가 어디서 어떻게 살고 있는지 전혀 소식을 듣지 못했다.

하루하루 피가 타들어 가는 느낌이었다. 그에게는 기술도 없었고 사업도 전혀 알지 못했다. 자금도 바닥나기 시작했다. 사업성이 보이지 않자 선배로부터 지분 20%를 인수한 투자자와 그의 후배는 그에게 지분 인수를 요구했다. 그는 모든 것을 사업에 올인하기로 하였다. 그는 인수자금을 부모와 처가, 은행에서 빌렸다. 너무나도 힘겨웠다. 그러나 그는 부정적 상황을 원망하거나 스스로를 탓하지 않았다. 그리고 좌절하거나 절망하지 않았다. 모든 것을 긍정적으로 받아들이기로 하였다.

"은행에서는 돈이 상품이고, 이곳은 제품이 상품이라고 생각했습니다. 사업을 쉽게 생각하려고 했어요. 그리고 거래처 사람들을 만나면서도 이왕이면 좋은 사람들과 거래하려고 했습니다. 그리고 내 자신을 진실하게 보여 주려고 노력했어요."

언제 무너질지 모르는 사업의 무게로 체력이 바닥나고 있었다. 그때 지인의 소개로 마라톤을 시작했다. 처음에는 마라톤 5km 코스도 힘들었다.

"이것을 이겨 내지 못하면 현재 직면해 있는 사업의 위기를 이겨 내지 못할 것이라고 생각했어요. 마라톤을 할 때면 종이에 쓴 '100억 원 매출 기업'을 손에 꽉 쥐고 달렸어요. 무릎도 아프고 숨도 차 포기하고 싶을 때가 많았지만 목표가 있었기 때문에 이겨 낼 수 있었어요. 저는 마라톤을 시작하면서 사업이 잘된 것 같아요."

그렇게 달리다 보니 풀코스를 7번이나 뛰었다. 거래처에서 그를 믿어 줘 외상 거래도 할 수 있게 되었다. 그가 사업 거래에 있어 약속을 지키고 관계를 소중하게 여기는 사람이라는 신뢰를 주었기 때문이다. 열정적으로 기술 개발에 매달린 결과 사업이 본격적으로 궤도에 오르기 시작하였고, 100억 원 매출도 달성하게 되었다. 또한 회사에 유보금을 쌓아 놓고 있어서 몇 번의 위기가 있었지만 모두 극복할 수 있었다.

가슴속 깊이 원하는 뜨거운 무엇인가가 있다면 반드시 이룰 수 있다. 믿음이 있어야 이룰 수 있다. 뭔가를 이루기 위해, 그렇게 되기 위해 필요한 것은 자신이 어떤 상태에 있으며 어떤 가치를 가지고 있는지를 정확히 아는 것이다.

이룰 수 없는 꿈

이룰 수 없는 꿈을 꾸고,
이루어질 수 없는 사랑을 하고,
싸워 이길 수 없는 적과 싸움을 하고,
견딜 수 없는 고통을 견디며,
잡을 수 없는 저 하늘의 별을 잡자.

내가 더 멀리 보았다면
이는 거인들의 어깨 위에
서 있었기 때문이다.

– 아이작 뉴턴

비전은 명확하고
구체적이어야 한다

꿈꾸는 사람과 그렇지 않은 사람은 확연한 차이가 난다. 하고자 하는 일이 명확한 사람은 용모, 행동과 태도에 에너지가 넘친다. 자신이 생각한 꿈의 크기만큼 꿈이 이루어진다. 그런데 꿈이라는 것이 유기체와 같아서 살아 움직인다는 것이다.

우리는 '사람이 사람과 만나며 정보를 접하며 받아들이는 과정에서 자신이 아는 만큼 비전의 크기가 바뀌는 것'을 경험하고 있다. 적극적인 상태의 환경에서는 비전과 목표가 더욱 커진다. 그런데 소극적이고 부정적인 생각을 품게 하는 환경에서는 꿈과 목표는 어느덧 작아지고 소멸되기까지 한다. 인간의 능력은 무궁무진하다. 왜냐하면 상상을 통해 세상을 바꿀 수 있는 유일한 존재이기 때문이다.

비전을 명확하게 설정하고 이를 생생하게 기록하는 것이 좋다. '비전을 기록한 사람들이 실제로 목표를 달성한다.'는 것은 널리 입증된 사실이다. 노트에 기록된 목표를 매일 들여다보며 꿈과 목표를 구체화하는 것이 좋다. 꿈은 어린 시절에만 꾸는 것이 아니라, 어른이 되어서도, 죽을 때까지 꾸는 것이다. 꿈은 추상적인 것이 아니라 구체적인 것이다.

'살고 싶은 집', '먹고 싶은 음식', '갖고 싶은 차'도 꿈이 될 수 있다. 이처럼 꿈은 구체적이어야 한다. 꿈은 막연한 것이 아니라 구체적인 방법이나 수단까지 수반되어야 비로소 힘을 발휘할 수 있다. 가족의 행복한 보금자리를 마련하여 집 없는 설움을 날리 겠다며 수도꼭지의 물 한 방울도 아끼고 한겨울에도 최소한의 난방만 하고 옷을 껴입고 살았던 우리 부모 세대의 꿈은 매우 구체적이었다. 그러나 막연히 부자가 되겠다는 것은 디테일이 부족한 목표이고 환상일 뿐이다. 여기에 '가치'가 수반되지 않으면 정작 에너지 없는 '발사체'처럼 불발되고 말 것이다.

내 부모는 두 분 다 50대에 돌아가셨다. 어머니는 내가 대학 4학년 때, 어머니 나이 53세에 불과하였다. 어머니가 병원에 입원하셨는데, '암 판정'을 받았다는 이야기를 여동생에게 전해 들었다. 자취방에서 밤새 눈물을 흘리며 잠 한숨 자지 못했다. 그리고 정확히 3년 후 아버지마저 돌아가셨다. 나는 취업도 못하고 있었고, 동생 3명이 고등학교와 중학교에 다닐 때였다. 부모님의 죽음은 동생들이나 나에게 충격적인 사건이었고 무척 고통스러웠으며 오랫동안 상처로 남았다.

두 분은 3남 3녀를 두셨는데 한마디로 말해 고생만 하시다가 돌아가신 셈이다. 1980년대 초반 사우디아라비아에서 일하던 작은아버지가 '열사병'으로 돌아가시고 세 살 된 조카까지 맡아 키우셨으니, 그 고생은 이루 말할 수 없을 정도였다.

봄·여름·가을엔 밭농사와 논농사를, 겨울엔 바다에 나가 바닷물에 부르튼 손으로 김과 미역을 뜯었다. 새벽에 김을 건조장에 널려면 전날 바다에서 채취한 김을 민물에 씻어 다음 날 새벽에 일을 할 수 있도록 미리 준비를 해놔야 했다. 저녁 8시에 잠이 들어 새벽 2시에 일어나 추운 창고 같은 곳에서 김발 위 사각 틀에 대고 죽 같은 김을 하나하나 떠야 하는 고된 작업이었다. 부모님 손은 마디마디가 동상에 걸려 피가 터져 안타까웠다. 1980년대 후반 김 공장이 나오기 전까지 고생은 계속되었다. 초등학교 다니던 아이들도 고사리손으로 건조장에 김을 널어야 했으니 어린 아이들도 힘들던 때였다. 고향 선배는 "그것은 아동 착취 수준이었다."고 웃으며 말한다.

그 험난하고 어려운 시절을 견딜 수 있는 힘은 오로지 자식이었다. 자식들에 대한 사랑으로 힘들어도 힘든지 몰랐다고 한다. 자식들을 위해 일하는 삶 자체가 당신들의 꿈이고 행복이었다.

2017년 KBS에서 방영된 다큐멘터리 「순례」의 내용으로 기억한다. 세네갈 소금호수는 보통 바다 염도보다 10배가 넘는다고 한다. 이 호수에서 일하는 사람들은 돈을 벌기 위해 고통을 참아가며 일을 한다. 하루 종일 온 몸이 염장이 되어 가며 버는 돈은 단돈 14,000원에 불과하다. 비가 와서 하루 공을 치면 슬픔이 밀려온다. 하루벌이로 가족들 생계를 이어가야 하기 때문이다. 이렇듯 꿈은 멀리 있지 않다.

유튜브에 올라와 있는 「판타스틱 듀오 2」에서 백지영과 '채소가게 왕엄마'가 부른 「잊지 말아요」 동영상을 본 적이 있다. 거기 댓글에 채소가게 왕엄마의 딸이 쓴 것으로 보이는 내용이 눈길을 사로잡았다. 채소가게 왕엄마는 가수가 꿈이었는데 결혼을 하며 자신의 꿈을 포기했다고 한다.

"엄마, 20년 전으로 돌아간다면 아빠랑도 결혼하지 말고 나 낳지도 말고 엄마 꿈 이뤄."

여기에 수많은 답글이 달렸다. 그중 몇 개를 소개한다.

"짠, 안녕. 슬프지만 저도 저희 엄마가 그랬으면 하네요."

"이 밤을 새어 일하고 계실 엄마가 생각나서 새벽에 엄청 울었네요. 엄마, 사랑해. 고맙고 항상 미안해요."

"우리 엄마도 제발 그랬으면…. 내 기억 땜에 흔들리면 엄마 나 하나도 기억 못해도 돼. 내 기억 다 지우고 행복하게 엄마 꿈 이뤄."

"진짜 25년만 뒤로 가고 싶다. 제발 엄마 결혼하지 말고 엄마 인생 살라고. 엄마 결혼해서 행복한 일 하나도 없으니까 제발 엄마 하고 싶은 거 다 하고 살라고. 아이도 꼭 하나만 낳고 이혼한 아빠랑 절대 절대 만나지 말라고 얘기해 주고 싶어요."

요즘 욜로(Yolo)족들은 이런 삶을 살지 않으려 한다. 삶이란 그 자체는 본인이 선택하는 것이기 때문에, 어느 누구의 삶도 타인의 삶에 대해 피해를 주는 것이 아니라면 존중받아야 한다.

부모 세대가 걸었던 순례자의 길이 있었기에, 우리는 그 기반 위에 새로운 가치를 만들어 가고 있는 것이 아닌가 하는 생각을 해 본다.

순례자

그렇게 자식은 부모가 된다.
매일 자신의 눈 속에 부모를 만나고, 철없는 자식에게서
자신을 마주한다.

하루를 산다는 건, 매일 새로 태어나는 것.
순례자의 길을 걸었던 부모처럼
매일 전장으로 떠나 삶의 존재와 가치와 의미를 되새긴다.

하루가 가면 숱한 우주들 사이에서
비교하지 않을 남다른 길을 가겠다고 다짐한다.
흔들리지 않을 길을 찾아 걷고 또 걸어가야지.

어제, 내 부모가 만났던 그 별은 오늘 나에게 더욱 빛나고
의미 있기를 기도한다.
오늘 나에게 주어진 시간은 초록이다.
늘 바래지지 않을 초록을 꿈꾼다.
우린 오늘, 그렇게 부모가 되고 어른이 된다.

문제 해결 잘하는 법

문제를 혼자 해결하려고 하는 것은
어리석은 일이다.
과거에 축적된 토대 위에서
자신의 생각을 구현할 때
더욱 발전하게 된다.
낮은 곳에서는
전체가 잘 보이지 않는다.
위로 올라갈수록 문제가 잘 보인다.
사람도, 사물도, 문제도.

아무리 약한 사람이라도 하나의 목적에
온 힘을 집중한다면 무엇인가 성취할 수 있지만,
아무리 강한 사람이라도 힘을 많은 목적에
분산하면 어떤 것도 성취할 수 없다.

– 몽테스키외

중장기 계획을
수립하라

'미래를 예측하고 준비하지 않는 조직은 미래가 없다.'는 말이 있다. 조직이 무한경쟁에서 생존하고 발전하기 위해 자신만의 전략과 전술은 필수 요소이다. 전략이 경쟁우위를 갖기 위해 자원을 배분하는 종합 계획이라면, 전술은 특정 기능 분야 또는 시장에서 성과를 높이는 계획을 뜻한다. 전략이 전쟁이라고 한다면 전술은 전투를 의미한다.

오늘날 개인이나 기업이 생존하고 성장하는 데 전략은 매우 중요한 위치를 차지하고 있다. 나날이 복잡해지는 환경에서 한정된 자원을 활용하여 효율을 극대화하는 것은 매우 중요한 문제가 되고 있기 때문이다.

이를 위해 변화하는 환경에 대한 분석을 토대로 조직이 어떤 방향으로 발전해야 하는지 전략을 정해야 한다. 지속가능한 경영을 위해 반드시 전략적 의사결정이 수반되어야 한다.

내가 접한 많은 중소기업은 환경 분석을 통해 SWOT 요인을 규정하고 중장기 전략을 수립하였다. 대다수 기업은 내·외부 환경을 분석하여 기업의 강점(Strength), 약점(Weakness), 기회(Opportunity), 위협(Thteat) 요인을 도출하고 있었다. 그러나 대다수가 치밀하면서도 전사적인 계획이 아니라 겉보기에만 번지르르한 중장기 계획에 불과하였다. 거기에는 어떤 고민의 흔적도 없는 것처럼 보였다.

문제는 구체적으로 이를 실천할 수단이 없다는 데 있었다. 예를 들어, 2017년 매출 규모가 500억 원인 회사가 2020년 매출액 1,000억 원 달성을 목표로 계획을 세웠다면, 이를 달성하기 위한 구체적인 수단 또는 방법이 있어야 한다. 그런데 목표만 거창한 회사가 너무나도 많았다.

K사 A사장은 매출 위주의 외형적인 성과를 확대하는 것으로 경영을 하였다. 100억 원에서 300억 원으로 매출이 증가하였다. 직원 수도 100명에서 200명으로 증가했지만 순이익은 마이너스를 기록했고 부채비율이 높아졌다. 회사의 외형은 성장했지만 그는 전혀 행복하지 않았고 오히려 불행했다.

개인도 기업처럼 중장기 계획을 수립하는 것이 좋다. 그러나 남에게 보이기 위한 외형 위주의 성장을 꿈꿔서는 안 된다. 자기 분수에 맞지 않는 행위 등은 허세로 이어질 수 있다. '뱁새가 황새 따라 하다 가랑이 찢어진다.'는 속담이 있다. 무엇보다 자신이 생각하여 행복한 꿈을 꾸어야 한다.

목표 달성을 잘하는 법

한 번에 너무 많은 일을
하고 있지 않은지.
너무나 많은 것을 하다 보면
어느 것 하나 이루기가 쉽지 않게 된다.
목표를 신속하게 달성하기 위해
하나의 과녁을 조준하는 것이 좋다.
한 번에 너무 많은 일을 하다 보면
어느 것 하나 성취하지 못할 가능성이 크다.
순서대로 문제를 하나씩 처리하다 보면
어느새 목표를 달성할 것이다.

매일 아침 하루 일과를 계획하고
그 계획을 실행하는 사람은
극도로 바쁜 미로 같은 삶 속에서
그를 안내할 한 올의 실을 지니고 있는 것이다.
그러나 계획이 서 있지 않고
단순히 우발적으로 시간을 사용하게 된다면
곧 무질서가 삶을 지배할 것이다.

– 빅토르 위고

구조 분석 없이
승리할 수 없다

G사를 운영하는 Y사장은 현재 연매출 700억 원 규모의 매출을 올리고 있다. 그는 초등학교 때부터 어린 나이에 신문배달부터 하지 않은 일이 없을 정도로 고생을 많이 하였다. 그는 결혼과 동시에 회사를 그만 두고 조그만 식당을 열었다. 당시 다니던 회사 근처에서 잘나가던 '차이나 레스토랑'을 벤치마킹하였다.

당시 레스토랑 스타일의 중화요리 식당은 명동 등 몇 군데밖에 없을 때였다. 손님이 없어 임대로 나온 레스토랑을 임차하였다. 가진 돈이 얼마 없었기 때문에 비용 절감을 위해 인테리어도 직접 하였다. 지인 소개로 3개월 동안 중식당에서 무임금으로 일하며 식당 운영에 필요한 기본기를 다졌다.

그는 식당 운영을 잘하기 위해 다음의 3가지를 잘 알아야 한다고 강조한다.

첫째, 음식 조리와 관련한 시스템

둘째, 서빙, 배달, 직원 관리 등 내부 운영 시스템

셋째, 식자재 반입 관련한 시스템

의욕이 넘치게 식당을 개업하였지만, 그로서는 주방장 등 직원 관리가 무척이나 어려웠다. 고용한 직원들이 그를 '사장'으로 대우하지 않는 것이었다. 주방장이 그를 골탕 먹이려고 늦게 출근하기도 하고, 저녁 늦게까지 친구를 불러다 술을 먹어 다음 날 식당이며 주방이 난장판이 되기도 하였다.

그는 식당 종업원들을 혼내고 '야단치기'보다는 '솔선수범'을 선택했다. 주방에 들어가 설거지도 하고 양파를 3~4자루씩 함께 까기도 했다. 바쁘면 배달도 직접 하고, 서빙도 했다. 어느 직원보다 더 열심히 움직였다. 종업원들이 '사장이 정말 열심히 하는구나.'라며 그의 '열정'을 인정하기 시작했다. 그를 '사장'으로 받아들인 것이다. 그가 진정한 사장의 길로 들어서게 된 것이다.

매일 새벽 3~4시에 일어나 가락동, 구리, 청량리 농수산물 시장 등을 찾아 다녔다. 가격이 싸면서도 좋은 재료를 구입하기 위해서였다. 음식이 맛있게 조리되기 위해서는 재료의 '신선도'가 무엇보다 중요하기 때문이다. 하루 3~4시간도 제대로 자지 못했다. 부지런히 일한 만큼 식당은 매우 잘되었다.

그는 "기업 경영과 관리를 어떻게 해야 하는지 '기본'을 제대로 배운 시간이었다."고 말한다. 그가 지금도 조그만 식당을 열었을 때와 같은 방식으로 기업 경영을 하고 있을까? 아니다. 전혀 그렇지 않다. 사업 초보일 때나 지금이나 직원과 소통하는 마음은 한결같다. 지금은 직원들이 제대로 일하고 맘껏 즐길 수 있도록 '판'을 만들고 적극 지원하는 일을 하고 있다.

K사 M회장도 이와 같은 말을 한다.

"나는 처음 사업을 시작할 때 의욕이 넘쳤습니다. 직원들이 퇴근하고 나면 다음 날 작업할 수 있도록 자재를 미리 가공해 놨습니다. 직원들은 '우리 사장 대단한 사람이다.'라고 생각했어요. 그러나 직원 수가 50여 명이 넘어가는데 그때와 같은 방식으로 여전히 일하고 있으면 그것은 정말 어리석은 일입니다. 사업 규모가 커지면 경영에 힘을 써야 합니다. 그들이 제대로 일할 수 있도록 지원하는 일을 해야 하는데 가내 수공업하던 때와 같이 사장이 손수 용접하고 가공하는 것은 정말 어리석은 거예요. 내가 아는 몇몇 중소기업 사장은 아직도 그런 식으로 일을 하고 있어요. 참으로 안타깝습니다."

무슨 일이든 특성에 따라 다르게 적용되어야 한다. 일머리 없이 무조건 고지식하게 순서대로만 일을 진행하면 일이 제대로 될 리 만무하다. 한때 수천 억 원의 매출액을 올렸지만 지금은 단지 몇백 억 원 대로 외형이 크게 축소된 A사를 현장 컨설팅한 적이 있다.

일단 그곳의 직원들은 사기가 크게 저하되어 있었다. 같이 근무하던 직원들이 경쟁 업체 등으로 이직하여 남아 있는 직원들은 패배감에 사로잡혀 있었다. 무엇보다 잘나가던 시절의 규정, 절차, 표준 등이 그대로 있는 것이 문제였다.

업무를 하면서 현실에 맞지 않는 규정 등은 개정하는 작업을 해야 하는데 그러지 못했다. 실무 부서에서 이러한 문제점을 제기하면 기획 부서에서 이를 받아들이지 못하는 문제가 있었다. 변화된 환경을 인식하고 소통하고 혁신해야 하는데 그러지 못했다.

과거가 화려하거나 초라한 것은 전혀 문제가 되지 않는다. 하지만 지금 변화된 환경에 맞게 변화하려고 하느냐 그렇지 않느냐는 매우 중요한 문제이다. 지금 하지 않으면 미래가 어두워질 수 있기 때문이다.

계획을 세우게 되면

계획을 세운다는 것은
시나리오를 준비한다는 것이다.
계획에 의한 실행은
목표를 이뤄 낼 수 있는 힘을 준다.
예기치 않는 일에 대해
대처할 수 있게 한다.

태양은 더러운 곳을 뚫고 지나가도,
그 자신은 이전처럼 순수한 채로 남는다.

– F. 베이컨

변화하지 않으면
변화당하게 된다

여기저기에서 변화가 일어나고 있다. 이러한 변화를 알아채지 못하고 제대로 대응하지 못하면 기업은 도태되거나 사라지게 된다. 그중 변화에 가장 큰 영향을 미치는 것이 '고객의 니즈'이며, 선도기업의 '혁신적인 기술'이다.

스티브 잡스는 "고객이 욕구를 느끼기 전에 그들이 무엇을 원하고 있는가를 파악해야 한다. 사람들은 직접 보여 주기 전까지 무엇을 원하는지 모른다."라고 말했다.

이처럼 고객의 잠재적 욕구를 제품에 담아 고객에게 제공하는 혁신적인 선도 기업들만 살아남는 생태계에 우리는 살고 있다.

2000년대에 들어서자 필름 카메라가 디지털 카메라로 대체되면서 후지필름과 코닥필름이 쇠퇴하였다. 2010년대에는 기술혁신으로 스마트폰이 각광받기 시작하자 노키아와 모토로라가 몰락하기 시작하였다. 이를 대체하여 애플과 삼성전자가 독주하고 있다. 이와 함께 스마트폰 확산으로 디지털 카메라 수요는 현저하게 줄어들고 있다. 우리는 시장 변화와 고객 니즈를 재빨리 알아채지 못하는 기업이 사라지는 것을 목격하고 있다.

이러한 이유로 수많은 기업이 변화와 혁신을 추구하고 있다. 그러나 성공적으로 변화하는 기업은 그리 많지 않다. 변화 필요성에 대하여 인식하고 있으나 변화를 행동에 옮기지 못하기 때문이다. 어떻게 하면 변화하는 조직이 될 수 있을까?

첫째, 학습하는 조직이 되어야 한다.

무엇보다 지식과 정보를 쌓기 위해 노력하는 구성원이 많아야 한다. 이를 위해 맞춤형 학습 프로그램을 개발·제공하는 것이 필요하다. 개인의 발전이 조직의 성장으로 이어지는 것이다. 개인과 조직의 발전이 별개일 수 없다.

둘째, 고객의 니즈를 정확히 파악해야 한다.

이를 위해 고객 만족도 조사 등을 통해 끊임없이 고객의 의견을 상품 및 서비스에 반영해야 한다. 하나마나한 무의미한 고객 만족도 조사는 쓸데없이 업무량만 늘리는 일이다. 하려면 제대로 해야 한다. 내가 직접 경험한 대부분의 회사의 고객 만족도 조사는 단순히 '일을 위한 일'에 불과하였다. 업무를 위한 업무는 차라리 하지 않느니보다 못하다.

셋째, 경쟁 업체 등의 제품·서비스를 벤치마킹하는 등 시장 분석에 능동적이어야 한다.

이를 통해 자신의 부족한 점을 깨닫고 적극적으로 변화해야 한다. 적극적으로 변화에 적응하고 대응하지 못하면 변화당할 수 있음을 명심해야 한다. 당신이 하는 사업이, 장사가 변화당한다는 것은 시장에서 사라지는 것을 의미한다. 사장과 직원이 동시에 직장을 잃는 일이 될 수도 있다.

결정된 것은 없다

환경 탓을 하는 것은
현재 상황을 해결하는 데
전혀 도움이 되지 않는다.
힘들수록 웃어야 한다.
긍정적인 에너지가 가슴을 뛰게 한다.
결정된 것은 하나도 없다.
오직 당신만이 문제를 해결할 수 있다.

좋은 현재를 만드는 것이
좋은 미래를 만드는 일이다.

– 에크하르트 톨레

인재를 알아보는
눈을 가졌는가?

계명구도(鷄鳴狗盜)는 '닭 울음소리를 내고 개처럼 도둑질을 한다.'는 뜻이다. 전국시대 제나라의 맹상군(孟嘗君)과 관련된 고사성어(故事成語)다. 천한 재주를 가지고 있는 사람도 쓸모가 있음을 비유하는 말로 쓰인다.

제나라의 왕족 맹상군은 그릇이 크고 학식이 풍부한 사람이었다. 진나라의 소양왕은 맹상군을 진나라 재상으로 삼고 싶어 초청하였다. 초청을 받은 맹상군은 많은 식객을 데리고 진나라로 갔다.

그는 수백 마리 여우의 하얀 겨드랑이털로 만든 호백구라는 진귀한 옷을 소양왕에게 선물했다. 소양왕은 매우 기뻐하며 맹상군을 진나라의 재상으로 삼으려 하였다. 그러나 신하들은 맹상군을 재상으로 삼는 것을 반대하며 오히려 그를 죽여야 한다고 주장했다.

맹상군은 이 소식을 전해 듣고 소양왕의 후궁에게 자신을 살려 달라고 부탁하였다. 후궁은 자신에게도 호백구를 선물로 준다면 도와주겠다고 말했다. 호백구를 가지고 있지 않은 맹상군은 매우 실망했다. 이에 식객 중 좀도둑의 재주를 가진 자가 있어 개의 흉내를 내며 궁중의 창고로 들어가 소양왕에게 준 호백구를 훔쳐 왔다.

맹상군은 소양왕의 후궁에게 호백구를 선물로 주고 후궁의 간청에 따라 소양왕은 맹상군을 풀어주었다.

마음이 급한 맹상군과 식객들은 한밤중에 고향 제나라로 출발했다. 진나라를 빠져 나가려면 국경지역에 있는 함곡관을 반드시 통과해야 했다. 그런데 함곡관은 첫닭이 울어야 관문을 개방하는 것이었다.

마음이 변한 소양왕은 맹상군을 죽이려고 군사를 보냈다. 추격대가 함곡관에 거의 도착하면 맹상군은 꼼짝 없이 죽게 되는 상황이었다. 이때 한 식객이 닭 울음소리를 내었다. 근처의 닭들이 다 같이 울었고, 함곡관 문지기 병사는 문을 열 시간이 된 것으로 알고 성문을 열었다. 맹상군 일행은 함곡관을 통과하여 제나라로 무사히 돌아갈 수 있었다.

인재란 쓰임을 아는 리더를 제대로 만나야 제대로 쓰일 수 있다. 맹상군이란 그릇이 큰 사람이 있었기에 개와 닭의 소리를 내는 사람이 쓰임을 받은 것이다. CEO는 편견 없이 인재를 알아보고 평가할 수 있는 사람이어야 한다. 선입견에 의해 인재를 내치는 사람은 중요한 순간 그의 임무를 완수하지 못하고 실패할 가능성이 높다.

문제는 인재를 구하기 위한 분명한 기준이 있어야 한다는 것이다. 나는 '직원의 수준이 곧 CEO의 수준'이라는 생각을 했다. 이 말에 C사 C대표는 "직원이 사장보다 뛰어나야 한다."고 말한다. 맞는 말이다. 그런데 '우수한 인재를 채용하고 관리하는 것 자체가 사장의 능력과 수준이다.'는 생각을 한다. 참 어려운 일이다. 사람 때문에 울고, 사람 때문에 웃는다.

『탈무드』에 포도밭에서 일하는 일꾼에 대한 이야기가 나온다. 어느 날 왕이 자신이 소유하는 포도밭을 시찰했다. 그중 한 일꾼이 아주 성실하고 탁월하게 일을 하는 것을 보았다. 왕은 매우 감동을 받아 그 인부에게 포도원을 안내해 줄 것을 부탁했다. 하루 일과가 끝나자 일꾼들은 줄을 서서 노임을 받아갔다. 왕에게 포도원을 안내한 일꾼도 다른 일꾼과 동일하게 품삯을 받았다. 그런데 다른 인부들이 왕에게 항의를 했다.

"왕을 안내한 인부는 오늘 두 시간밖에 일하지 않았는데 우리와 똑같은 일당을 주다니 불공평하지 않습니까?"

왕은 다음과 같이 말했다.

"이 사람은 한 사람이 꼬박 하루 걸려 할 일을 두 시간 만에 했다."

이 이야기는 성과주의에 대한 좋은 교훈을 준다. 왕은 다음 두 가지를 파악하고 있었다.

첫째, 누가 제대로 성과를 내고 있는지 알았다.

둘째, 자신이 가진 평가 기준이 흔들리지 않았다.

사장이 누가 성과를 내고 있는지 정확히 알고 있고, 이에 대한 명확한 기준을 가지고 있다면 직원들 모두가 열심히 일을 할 것이다. 여기에 덧붙인다면, 왕이 인센티브도 제공했으면 더 좋았을 것이다. 승진이든 금전적인 보상이든 일을 잘하는 사람에게는 혜택이 있어야 한다. 그래야 다른 직원들에게도 매우 효과적인 자극제가 될 것이다.

당신은 환영받는 존재

아이들이 어린이집 버스를 타고
등·하원하는 시간이면
언제나 어김없이
엄마, 아빠, 할아버지, 할머니가
길 가에 나와 열렬히 배웅하고 마중한다.
우리는 누군가에게
열렬하게 환영받는 존재이다.
좋은 현재를 더 많이 발견하고
만들어 가는 사람이 행복해질 수 있다.

우주의 모든 이치는 한 치의 오차도 없이
오직 한 사람 바로 당신에게로 향해 있다.

– 월트 휘트먼

남이 아닌
자신의 길을 가라

옛날 중국 국경 지방 근처에 한 노인이 살고 있었다. 어느 날 노인이 기르던 말이 국경을 넘어 오랑캐 땅으로 도망쳤다. 마을 사람들이 이를 위로하였다. 노인은 태연하게 말했다.

"이 일이 복이 될지 누가 압니까?"

몇 달이 지난 어느 날, 도망쳤던 말이 말 한 필과 함께 돌아왔다. 마을 사람들이 이를 축하하였다. 그러나 노인은 기쁜 내색을 하지 않고 말했다.

"이것이 화가 될지 누가 압니까?"

그러던 며칠 후 노인의 아들이 그 말을 타다가 말에서 떨어져 그만 다리가 부러지고 말았다. 마을 사람들이 위로를 하자 노인은 아무 표정 없이 말했다.

"이것이 복이 될지 누가 압니까?"

그로부터 시간이 흘러 오랑캐가 쳐들어왔다. 젊은이들은 전장에 나가 싸우다 많이 죽었다. 그러나 노인의 아들은 다쳤기 때문에 전장에 나가지 않아도 돼 무사했다.

인간 세상은 복잡하고 깊이를 알 수 없기 때문에 그것이 화가 될지 복이 될지 아무도 알 수 없다. 새옹지마(塞翁之馬)의 고사성어에 나오는 노인에게 배울 수 있는 이야기는 어떤 사실을 받아들이는 데 있어 지나친 낙관도, 과도한 부정적 생각도 필요치 않다는 것이다.

이와 다르게 줏대 없이 남을 따라 하고 일희일비(一喜一悲)하다 가진 것을 잃어버린 한 부자(父子)의 이야기도 있다.

옛날, 아버지와 아들이 당나귀를 팔러 장에 가고 있었다. 아버지는 당나귀 고삐를 붙잡고 아들은 그 뒤를 따라가고 있었다. 두 사람이 한 주막을 지날 때였다. 주막 앞에 모여 있던 장사꾼들이 두 사람을 보고 크게 웃었다.

"여보게, 저기 저 어리석은 사람 좀 보게. 당나귀를 타지 않고 끌고 가고 있지 않은가?"

아버지는 이 말을 듣자 갑자기 창피해졌다. 당나귀 등에 아들을 태웠다. 그렇게 길을 가다 노인 몇 명이 당나귀 위에 앉아 있는 아들을 보고 혀를 끌끌 찼다.

"아들이 편안하게 당나귀를 타고 가다니! 어른 공경을 할 줄 모르는군."

이번에는 아들이 내리고, 아버지가 당나귀 등에 올라탔다. 그리고 얼마 후 빨래터에서 빨래를 하고 있는 아낙들이 보였다.

"아유, 가엾기도 하지. 아이 다리가 많이 아플 텐데, 어른이 돼 가지고 너무하네!"

이 말을 듣고 아버지와 아들은 함께 당나귀에 탔다. 얼마쯤 가다가 한 신부(神父)가 말을 걸었다.

"당나귀 위에 두 사람이나 타다니, 동물을 사랑할 줄 모르는 사람들이네!"

아버지는 혼란에 빠졌다.

"그냥 끌고 가도 안 되고, 아들만 태워 가도 안 되고, 아버지만 타고 가도 안 되고, 둘이 함께 타도 안 되니 어떡하지?"

그때, 지나가던 사람이 아버지의 고민을 듣고 껄껄 웃으며 이렇게 말했다.

"아예 둘이서 당나귀를 짊어지고 가면 될 것 아니오?"

그래서 그들은 새끼줄로 당나귀 발을 묶은 다음 장대에 메고 갔다. 얼마 뒤 다리를 건너게 되었다.

그런데 이 광경을 본 아이들이 손가락질을 하며 낄낄거리며 웃는 바람에 당나귀가 놀라 발버둥을 쳤다.

그 순간 장대가 부러지며 당나귀가 물속으로 첨벙 떨어져 떠내려갔다. 아버지와 아들은 당황하여 어쩔 줄 모르고 서로를 바라봤다.

　어리석은 부자 이야기는 환경 변화가 휘몰아치는 현실에서 자기 주관 없이 휘둘리고 사는 것이 얼마나 위험한 것인가를 보여 주는 우화다. 우유부단한 아버지는 외부적 평가에 매우 민감한 사람이다. 다른 사람의 평가에 휘둘리면 자신의 삶을 온전하게 영위하기 어렵게 만든다는 것을 보여 준다.

　타인에게 인정받고 싶은 욕망에 빠진 나머지 실패할까 두려워 아예 시작을 하지 않는 사람도 많다.

　어떤 이는 아버지만 나귀를 타고 가는 것이 비정하다고 말한다. 어떤 사람은 아들만 나귀에 앉아 가는 것이 불효라고 생각한다. 그리고 어떤 이에게는 나귀 등에 두 사람이 타는 것 자체가 인정머리 없는 사람들로 비친다.

　자신이 하는 일에 주관을 갖지 못하고 줏대 없이 행동하다 실수를 하는 사람이 많다. 이러한 선택장애의 어려움을 극복하기 위해 사려 깊게 생각하고 행동하는 습관을 갖자. 무엇보다 타인의 시선에서 자유로워지자. 한층 여유로운 삶을 살 수 있을 것이다.

무소의 뿔처럼 혼자서 가라

그물에 걸리지 않는 바람처럼
소리에 놀라지 않는 바람처럼
진흙에 더럽히지 않는 연꽃처럼
무소의 뿔처럼 혼자서 가라
당신은 하고자 하는 일에 막힘이 없는 사람이다.
거침이 없이 달려가자.
당신은 어렵게 목표를 성취하는 사람이 아니다.
쉽게 목표에 도달하는 사람이다.

PART 2

스마트한 도전과 실천이
성공을 부른다

상상할 수 있는 모든 것은
현실이 될 수 있다.

– 파블로 피카소

무조건 도전만이
능사는 아니다

우리 속담에 '시작이 반이다.'라는 말이 있다. 이는 무슨 일이든지 시작하기가 어렵지 일단 시작하면 일을 끝마치기는 그리 어렵지 않다는 의미로 쓰인다. 그러나 현실에선 부딪치고 좌절하며 중도에 포기하는 일들이 늘어나기 시작한다.

어학 공부를 위해 학원의 새벽반을 끊으면 한 달도 못 가 절반이 중도에 그만 둔다. 새해 담배를 끊겠다고 다짐했건만 며칠 못 가 포기한다. 작심삼일이다. 이러한 일이 일상다반사다. 큰 마음먹고 시작하기도 어렵지만 시작한 일을 끝까지 마무리하는 것도 어렵다는 것을 깨닫는다.

시작이 반이다. 그러나 '중간도 반이고, 끝도 반이다.'라는 말을 하고 싶다. 호기롭게 시작을 했지만 시작하자마자 50%가 포기하며, 중간 지점에서 또 50%가 포기한다. 결승 지점에 도달하기 전에 50%가 포기한다. 결국 마지막에 남는 비율은 10% 남짓이다. 어쩌면 '시작이 반이다.'라는 말은 '시작하자마자 절반이 포기한다.'라는 말과도 같다.

사람들은 순간 감정에 도취되어 필요하지 않는 일을 시작하는 경우가 많다. 필요가 없기 때문에, 절박하지 않기 때문에 너무나도 많이 중도에 포기하는 것이다. 끝마치지 못할 일은 어쩌면 처음부터 하지 않았으면 좋았을 것이다. 사람들은 필요한 일에만 에너지를 쓰는 것이 아니라 불필요한 일에도 힘을 쓴다. 애초에 하지 않았으면 좋았을 일을 시작하여 비용과 시간과 에너지를 낭비하곤 한다. 결국 자신의 나약함을 탓하게 된다.

나는 이렇게 말하고 싶다. 당신이 그 일을 끝마치지 못한 것은 그 일이 그다지 당신에게 필요한 일이 아니었다라고. 순간적인 감정에 치우쳐 시도하면 후회하는 일이 많이 생긴다. 어떻게 하면 시작한 일의 마무리를 잘할 수 있을까?

변화를 시도하는 것은 정말 어려운 일이다. 어떠한 위험이 있을지 모르기 때문에 현실에서는 어느 누구도 쉽게 나서지 못한다. 누군가 새로운 시도를 할 때 변화가 시작된다. 그런데 그 시도가 바람직할 수도, 그렇지 못할 수도 있다.

육지에 사는 펭귄은 먹이를 찾기 위해 바다에 뛰어 들어가야 한다. 바다에는 눈앞에 보이지 않는 바다표범을 비롯한 어떠한 천적이 있을지 모르기 때문에 모두들 눈치만 볼 뿐이다. 이때 용기 있게 뛰어 들어가는 한 마리가 '첫 번째 펭귄'이다. 그제야 눈치만 보며 머뭇거리던 수많은 펭귄은 그 뒤를 따라 바다에 뛰어든다.

이처럼 무리가 집단으로 바다에 뛰어든다고 알려진 동물로 '레밍(Lemming)'이 있다. 레밍은 노르웨이 지역에 서식하고 있으며 '나그네 쥐'라고 불리는 설치류다. 나그네 쥐는 개체 수가 늘어나게 되면 먹이를 찾아 다른 지역으로 이동한다. 이때 이들은 우두머리를 따라가는 특성이 있다. 바닷가 막다른 벼랑에 다다르면 우두머리가 인도하는 대로 결국 집단으로 죽음을 맞이하게 된다.

첫 번째 펭귄이 될 것인가? 아니면 첫 번째 레밍이 될 것인가? 우리가 첫 번째 펭귄이 되기 위해서는 무엇보다 세상을 관통하는 통찰력을 갖추어야 한다.

주저하고 머뭇거리며 현실에 안주하는 삶도 위험하지만 준비 없이 시도한 무모한 도전은 더욱더 위험하다. 이 무모한 시도가 자신만이 아니라 자신을 둘러싼 많은 사람을 돌이킬 수 없는 절망의 구렁텅이로 인도할 수 있음을 명심해야 한다.

새로운 일을 시작할 때 미래에 대한 공포와 두려움이 수반될 수밖에 없다. 이때 두려움을 극복하고 행동할 수 있는 용기가 필요하다. 이때의 용기는 통찰력과 지혜가 바탕이 되어야 한다.

상상이 현실이 된다

상상하라.
생각이 현실이 된다.
할 수 있다고 생각하는 사람은 할 수 있다.
할 수 없다고 생각하는 사람은 할 수 없다.
할 수 없다고 생각하는 사람이
할 수 없는 것은 불변의 진리이다.
당신이 상상하면
꿈이 현실이 된다.

주의하고 또 주의하라.
너에게서 나온 것은 너에게로 돌아온다.

        – 맹자

사마귀에게
도전정신을 배우다

'하룻강아지 범 무서운 줄 모른다.'는 속담과 비슷한 사자성어가 당랑거철(螳螂拒轍)이다. 자신의 분수를 모르고 공연하게 허세를 부리며 함부로 덤빈다는 뜻이다.

춘추시대 제나라 장공이 수레를 타고 사냥터로 가는 도중 벌레 한 마리가 앞발을 치켜들고 수레바퀴를 향해 덤벼들었다. 수레가 벌레를 깔고 지나치려는 순간, 장공이 급히 수레를 멈추게 하였다.

"허, 맹랑한 놈이로다. 도대체 저 벌레는 무엇이냐?"

"사마귀입니다. 앞으로 나아갈 줄만 알지 물러설 줄은 모르며, 제 힘도 생각지 않고 마구 덤벼드는 버릇이 있습니다."

장공이 고개를 끄덕이고 이렇게 말했다.

"저 벌레가 사람이라면 틀림없이 천하무적의 장군이 되었을 것이다. 비록 벌레이지만 그 용기가 가상하니 수레를 돌려 피해 가도록 하라."

우리는 "강한 상대에게 무모하게 덤비지 말라."고 배워 왔다. 이로 인해 우리의 도전정신이 점점 사그라지고 있다. 그러나 현실에서의 도전은 손해를 보는 것보다 우리에게 더 많은 기회를 준다. 스티브 잡스처럼 말이다.

스티브 잡스가 12살 때 주파수 계수기를 만드는 과제가 있었다. 그것을 만들려면 휴렛팩커드사(HP)의 부품이 필요했다. 그러나 그는 돈이 없었다. 그는 전화번호부에서 HP CEO인 빌 휴렛의 전화번호를 찾아 당돌하게 전화를 걸었다.

"여보세요? 안녕하세요. 저는 스티브 잡스입니다. 저는 학생인데요. 주파수 계수기를 만들고 싶어서 연락드렸어요. 혹시 남은 부품이 있으시면 저에게 주실 수 있나요?"

휴렛이 직접 전화를 받았다. 지금은 큰 기업의 임원들, 고위 공무원들의 경우 휴대폰 번호가 없는 명함을 건네는 경우가 많은데 당시에는 전화번호부에 유명인사들의 전화번호가 공개되었나 보다.

빌 휴렛은 웃으면서 20분 넘게 잡스와 통화한 뒤 잡스에게 계수기 부품을 공짜로 주었을 뿐만 아니라 계수기 공장에서 아르

바이트를 할 수 있도록 도움을 주었다. 잡스는 '성취하는 사람과 그런 일을 단지 꿈꾸기만 하는 사람과의 차이는 도전'이라고 말한다.

약자에게 배려를 보여 준 장공 덕분에 도전을 한 사마귀는 자기 목숨을 구했다. 실제로 이런 일이 비일비재하다. 우리에게 어쩌면 '하룻강아지 도전정신'이 필요하지 않을까? 터지고 상처받는다고 지레짐작하여 겁을 먹고 물러서기보다는 시도하고 넘어지는 것이 필요하다. 하늘은 스스로 돕는 자를 돕는다. 실패를 두려워한다면 한 발자국도 앞으로 나갈 수 없다.

삶은 부메랑이다

좋은 말을 해야 한다.
그것이 나에게 돌아오기 때문이다.
나쁜 말을 하면 안 되는 이유다.
타인에게 하는 욕설과 비방은
결국 자신에게 돌아온다.
원하는 것을 말하고 말하라.
삶은 부메랑이다.
우리들의 생각, 말, 행동은
언제가 될지 모르나 틀림없이 되돌아온다.

시작하는 방법은 그만 말하고
이제 행동하는 것이다.

– 월트 디즈니

실행력을 높여라

대다수 사람은 생각만 하고 실행을 하지 못한다. 결과가 나오기 전에 변명을 준비하기 때문이다. 미루기만 할 뿐 시작을 못한다. 부정적인 사람은 실패로 인한 비판을 받는 것이 두려워 애초에 시작조차 하지 않으려 한다.

많은 사람이 "현실을 직시하라."는 말을 즐겨 한다. 이러한 생각은 자신의 잠재력을 전혀 발휘하지 못하게 한다. 오로지 현실에 안주하며 인생을 살아가다 죽음을 맞이하는 사람이 얼마나 많을까?

대다수 사람들이 실행하지 못하는 이유는 무엇일까? '위험'을 감수하는 것이 두렵기 때문이다. 때로는 안전보다 위험을 선택해야 한다. 어리석은 사람은 위험이 왔을 때 맞서 싸우기보다 위험이 두려워 두 눈을 가리고 만다. 그로 인해 위험에 빠지는 경우가 허다하다.

누구나 실패하기 마련이다. 몸을 조심하면 실패하지 않을 수 있지만 행복은 얻을 수 없다. 도망친 곳에 낙원은 없기 때문이다.

실패를 하려면 젊을 때 해야 한다. 나이를 먹어 실패하면 그만큼 회복력이 더디다. 젊을 때는 자신을 찾아주는 곳이 많지만 나이를 먹은 후에는 일자리 찾기도 어렵다. 그렇기에 나이를 먹으면서 안정적인 삶을 추구하는 것은 매우 자연스런 일이다.

목표가 있으면 지금 바로 시작해야 한다. 목표가 확실하면 열정이 생긴다. 열정 없이 목표에 도달할 수 없다. 목표에 도달하기 위해 세부 계획을 수립하고 실행해야 한다. 디테일한 실행을 계속하다 보면 어느새 자신이 세운 목표와 비전을 달성해 있을 것이다.

A씨는 의지가 약한 사람이다. 목표를 설정하고 이를 이루겠다고 매번 다짐하고 큰소리쳤지만 실패를 반복했다. 작년에는 영어학원 새벽반 과정을 끊고는 일주일도 못 가 그만 뒀다. 금년 새해에는 담배를 끊겠다고 다짐했으나 며칠 가지 못해 실패했다. 또한 운동을 열심히 해 살을 빼겠다고 다짐하고 산악용 자전거를 샀으나 며칠 타지 못하고 창고에 처박아 두었다. 왜 그는 숱하게 자신과의 약속을 하면서도 목표를 달성하지 못할까?

작심삼일(作心三日)은 마음에 품은 계획이 사흘을 넘기지 못하는 것을 의미한다. 나도 담배를 어렵게 끊었는데, 끊는 과정에서 단 하루도 못 참고 담배를 다시 피운 적이 있다. 당시 이런 생각을 했다.

"결심을 3일마다 하면 중도에 포기하지 않고 계속 유지할 수 있지 않을까?"

만약 자신의 작심이 하루만 유효하다면 하루마다 결심을 하면 될 일이다. 나는 담배를 끊기 위해 노력하는 B라는 친구에게 이 방법을 알려 주었다. 그는 이런 방식으로 금연보조재를 사용하지 않고 담배를 끊었다. 금연한 지 10년이 지났지만 그는 여전히 담배를 멀리하고 있다.

실행력을 높이기 위해서는 목표와 실행 상황을 기록하는 것이 좋다. 실천하며 발생되는 문제들을 점검하고 해결 방안을 기록하면 목표로부터 이탈하지 않고 목표에 도달할 수 있다. 목표를 계획하고 실행하며 점검하고 개선하는 과정에서 자연스럽게 목표 지점에 도달할 수 있게 되는 것이다.

당신은 할 수 있는 사람이다

당신은 모든 것을 할 수 있는 사람이다.
긍정적인 사람이다.
결과가 좋은 사람이다.
인정받는 사람이다.
계획을 세우고 시작하는 사람이다.
반드시 좋은 결과를 얻는 사람이다.
결과가 좋지 않다 하더라도 실망할 필요 없다.
원인을 분석해서 다시 시작하면 된다.
꿈은 반드시 이루어진다.

실패가 불가능한 것처럼 행동하라!

– 도러시아 브랜디

자신을 알지 못하면
이길 수 없다

　　지피지기 백전불패(知彼知己 百戰不殆)는 상대를 알고 나를 알면 백 번 싸워도 위태롭지 않다는 뜻이다. 지피지기 백전백승(知彼知己 百戰百勝)으로 많이 알려져 있지만 '백전백승(百戰百勝)'이라는 말은 잘못 알려진 구절이다. 손자는 매번 싸워 승리하는 것을 목표로 한 것이 아니라 생존이 목표였다.

　　『손자병법』은 전체 13편으로 구성되어 있는데, 제3편 「모공(謀攻)」편 6계 1절에 나오는 구절이다.

　　지피지기(知彼知己)면 백전불태(百戰不殆)요

　　부지피이지기(不知彼而知己)면 일승일부(一勝一負)요

　　부지피부지기(不知彼不知己)면 매전필태(每戰必殆)다

상대를 알고 나를 알면 백 번 싸워도 위태롭지 않다.

상대를 알지 못하고 나를 알면 한 번은 이기고 한 번은 진다.

상대를 알지 못하고 나를 알지 못하면 싸울 때마다 위태롭다.

나는 대부분의 사람이 자신을 알지 못한다고 생각한다. 손자는 "나를 알면 한 번은 이기고 한 번은 진다."고 하는데, 나는 자기를 알기만 한다면 현실에서의 승률은 70~80%까지 올라가지 않을까 생각한다. 그만큼 나를 아는 것이 어렵기 때문이다.

자신을 알게 되면 인생을 계획하는 것은 어렵지 않다. 그런데 지기(知己)가 그만큼 어렵기 때문에 있는 그대로의 자신을 사랑하지 못한다. 그래서 사람들은 시간을 낭비하고 뒤늦게 후회하게 된다. 부족하면 부족한 대로 받아들이고, 그것에 나름의 의미를 부여하면 인생에서 행복도 성공도 얻을 수 있지 않을까?

멀리 가려면 반드시 가까운 곳에서 시작하고, 높이 오르려면 반드시 낮은 곳부터 시작해야 한다. 멀리 있는 다른 사람을 부러워하지 말고 자신에서부터 시작해야 한다. 나로부터 시작한 사람이 목표에 도달하는 것이다.

이순신 장군은 왜군과 스물세 번 싸워 스물세 번 모두 이겼다. 이길 수 있는 상황과 질 수 없는 조직으로 적을 맞이한 까닭이다.

1597년 1월 선조는 부산포의 왜군을 공격하라는 명령을 내렸다. 그러나 이순신은 이를 반대하여 출병을 거부하였다. 이에 그는 수군통제사에서 파직당하고 투옥되어 죽음에 이를 정도의 혹독한 고문을 받았다.

이순신의 죄는 조정을 기만하고 임금을 무시한 죄, 적을 토벌하지 않고 나라를 저버린 죄, 다른 사람의 공을 빼앗고 모함한 죄 등이었다.

왜 이순신 장군은 부산포 진격 명령을 거부하였을까? 도저히 이길 수 없는 싸움이었기 때문이다. 이순신의 결정은 손자가 말하는 '군주의 잘못된 명령은 장수가 거부할 수 있다.'는 것에 근거했다.

사실 왕이 장군을 임명하였으면 그를 믿고 일임해야 한다. 이것은 소위 '무위 리더십'이며, '무간섭 경영'이다. 사장이 시시콜콜 간섭하기 시작하면 누가 자발적으로 일을 할 수 있겠는가? 이런 회사는 절대 잘될 리 없다.

판중추부사 정탁의 상소로 이순신은 사형을 면하고 백의종군의 명령을 받고 풀려났다. 1597년 8월 이순신은 13척의 배로 명량(울돌목)에서 왜군의 배 330척과 싸워 이겨 수군을 재기시키는 데 결정적인 역할을 하였다. 이순신의 위대한 승리는 체계적이고 치밀한 전략 덕분이다. 그리고 끊임없이 조직원과 소통했기 때문이다.

누구나 손쉽게 외식사업에 뛰어 든다. 그러나 식당을 창업해서 성공하기가 쉽지 않다. 일반인이 음식장사를 하는 것보다 유명 호텔의 요리사가 자신의 매장을 내고 사업을 하면 훨씬 성공 가능성이 높아야 한다. 그런데 유명한 셰프조차도 사업에 도전해 실패하는 사례가 많다. 왜 그럴까? 요리사는 단지 맛있게 요리를 하면 되지만 사업은 경영 환경 분석부터 시작해 직원 관리, 마케팅, 이윤 창출 등 신경 써야 할 부분이 한두 가지가 아니기 때문이다.

올해 생산 분야 직원 2명 채용공고에 1,536명이 지원해 경쟁률 768대1을 기록한 회사가 있어 화제가 되었다. 어떤 회사이기에 이렇게 높은 경쟁률을 기록했을까. I사는 창업한 지 9년이 된 회사로 사장을 포함해 직원 수는 20명에 불과하다. 다음은 채용 공고문 일부이다.

- 급여 : 신입 기준 연 2,700만 원(주 40시간)부터(임원 면접 후 결정. 주소가 염전로라고 해서 염전노예 안 합니다) *퇴직금 별도이며, 연봉이 곧 실수령액
- 남성 육아휴직 지원(1명 혜택 중)
- 일과 삶 : 워라밸(Work and Life Balance) 강요
- 근태 사용 : G메일 캘린더로 통보. 사유 받지도 묻지도 않음

- 회식 : 매월 마지막 주 금요일 5시 퇴근 후. 참석은 100% 자유. 술 강요 없음
- 간식 : 기본 커피, 과자 외 핫바, 아이스크림 무제한 제공(먹는 거 아낀다고 회사 돈 더 버는 거 아니고 망하지도 않음)
- 사내 커플 결혼 시 대표 이름으로 1,000만 원 지급
- 주차비 지원(주차할 자리 없는 회사 많음. 근데 주차할 자리 없다고 주차비 주는 회사 봄? 우린 줌)
- 기본적으로 석식 제공을 하나, 저녁밥을 안 먹고 집에 가니 저녁 매출 안 나온다고 식당 아주머니가 하소연(혼자 살면 저녁 드시고 집에 가면 됩니다.)
- 철저히 수평구조(업무보고 체계 없음. 보고용 문서도 없음. 오로지 나를 위한 자료뿐)
- 낮은 이직률(창립 멤버 그대로 유지. 그 외 5년 이상 근무 대다수)
- 직원 모두 근무시간에는 업무로 하얗게 불태우고 6시에 집에 감(늦게까지 일한다고 일 잘하는 거 아님)
- 입사하고 다녀 보면 다른 회사는 못 감(자율성에 1차 실신, 깨알 같은 복지에 떡 실신)

I사 채용 담당인 C차장에게 실제 사내 커플이 결혼하면 1,000만 원 지급할 것이냐고 물었다. 그는 실제 지급할 계획이라고 말

한다. 그는 "중소기업은 생산직 인력을 구하기가 어려워 채용 공고문을 유머 있게 올렸다."고 한다. 이어 그는 "사장은 서른이 안된 나이에 창업을 했는데 직원들과 같이 사무실을 사용하고 있고 '권위의식'이 없다."고 칭찬한다. 사장도 대단하지만 C차장도 대단하다는 생각을 했다. 좋은 인재들이 많이 지원해 2명이 아니라 3명을 채용했다고 한다.

중소기업의 장점은 현장에서 발생하는 문제에 대하여 신속한 대응이 가능하다는 데 있다. 그런데 조금만 성공하면 화려한 '사장실'을 만들고 스스로 고립되는 중소기업 CEO들이 종종 있는 것 같다. 회사 발전을 위한 '조직 시스템'이 완성된 다음에 들어가도 된다고 생각한다. 이 조그만 회사의 장점은 'CEO의 현장소통'이라는 생각이 들었다.

비즈니스(Business)는 비지(Busy)와 니스(ness)의 결합에서 나왔다. 여기서 비즈니스는 '바쁨(Busy)'과 접미사(ness)의 결합인데, 단순히 바쁜 것을 의미하는 것은 아니다. 철학과 가치가 포함된 '바쁨'을 의미한다.

외식업에 비유해 설명하자면 '조리 과정'뿐만 아니라 '고객 관리', '자재 관리', '품질 관리', '직원 관리' 등 사장이 신경 써야 할 것이 너무 많다. 만만하게 생각하고 덤벼들면 위험한 일이다.

오로지 음식을 만들어 팔아 돈을 벌겠다는 생각으로 사업을 시작하면 성공하기가 쉽지 않다.

'고객이 음식을 먹어 행복함을 느끼는 기쁨을 제공하겠다.'는 철학과 가치가 있어야 성공할 수 있다. 직원의 근무 만족도가 높아야 하고 지역사회에서 사회 공헌 활동도 열심히 해야 한다. 그래야 브랜드 가치가 높아지고 인정도 받게 된다. 사업을 한다는 것은 쉬운 일이 아니다.

게임에서 이기는 법

실패를 예견하며 미리 변명을
준비하는 사람이 있다.
그런 마음으로는
패배할 수밖에 없다.
승리를 염원하는 사람이
게임에서 이긴다.
두려워할 필요 없다.
마음을 즐겁게 하고
일에 몰입하라.
결과는 오직 당신만이
선택하는 것이다.

날마다 행복한 생각을 훈련하라.
마음을 항상 즐겁게 하고
행복해지는 습관을 개발한다면
늘 축제 같은 삶을 즐길 수 있을 것이다.

– 노먼 빈센트 필

시험 삼아 하지 말고
정성을 다해 하라

실패해도 괜찮다? 아니다. 절대 괜찮지 않다. 잘못되면 다시는 재기하지 못할 수 있다. 진짜 실패자가 될 수도 있다. 이 말은 최선을 다한 사람에게 자기 위안을 위해 하는 말이다. 모든 경우에 적용되는 것은 아니다. 젊으니까 괜찮다? 절대 괜찮지 않다. 아프니까 청춘이다? 네버(Never)! 절대로 아니다. 아이나 어른이나 아픈 것은 아픈 것이다. 다 똑같은 인간이다.

무조건 연애가 좋다? 절대 그렇지 않다. 아무나 만나면 안 된다. 잘못된 만남으로 절망의 구렁텅이에 빠지는 경우를 많이 봤다. 좋은 사람 만나 사귀기에도 부족한 인생이다. 좋은 사람을 만나 사랑을 하지 않을 바에야 이성을 만나지 않아도 좋다. 나쁜 사람을 만나면 고통만 받을 뿐이다.

주식을 하려거든 성공해야 한다. 투기를 하면 돈을 벌지 못한다. 그러나 무조건 장기 투자가 좋은 것도 아니다. 잘못된 경우 하락을 지속하다 상장폐지가 되기도 한다. 잘못 투자한 종목이면 빨리 팔아야 한다. 기회비용과 매몰비용을 생각하니 정리하기가 쉽지 않다. 지금 손실보다 앞으로 들어갈 비용이 크다면 빨리 손절해야 한다.

사람도 마찬가지다. 이익을 따져 사람을 사귀는 것도 잘못이지만, 상대가 자신을 '감정의 하수구'로만 여기는 상황이면 정리하지 못하고 만남을 계속하는 것도 잘못이다. 이런 상황은 최대한 빨리 정리해야 한다.

부모라는 이유로, 친구라는 이유로 그 누구도 상대를 불행하게 만들 권리는 없다. 감정의 하수구에 대고 하루 종일 하소연하고 배출한다고 달라질 것은 없다.

나는 사람이 잘 듣고 잘 흘려보내기 위해 귀가 2개가 있다고 생각한다. 귀를 쫑긋 세워 알맹이만 남기고 쭉정이나 이물질은 걸러 내야 한다.

행복해지는 법

행복해서 웃는 것이 아니라
웃어서 행복한 것이다.
행복도 연습이 필요하다.
즐겁게 생활하는 당신이 아름답다.
매일 좋은 일이 가득한 당신은
매우 행복한 사람이다.

대부분의 사람은 마음먹은 만큼 행복하다.

– 에이브러험 링컨

읍참마속의
규율을 가져야 한다

어느 조직이든 기본과 원칙의 바탕 위에 상호 신뢰 관계가 형성되어야 구성원들이 원활한 사회적 관계를 맺을 수 있으며 그 안에서 크게 성장할 수 있다. 이러한 원칙이 없는 관계는 어떠한 발전적 결과를 내놓을 수 없다. 상황에 따라 다른 기준을 내세운다면 누가 자신이 몸담고 있는 조직을 신뢰하고 협력하며 일할 수 있겠는가?

C사 A대표는 요즘 고민이 많다. 얼마 전 승진 인사에 대한 불만으로 직원 한 명이 자신에게 찾아와 과도하게 항의를 했기 때문이다. 자신이 지금까지 쌓아 온 경영 철학이 한순간에 무너졌다고 생각했다. 이 꼴 저 꼴 보기 싫어 차라리 회사를 팔아 버릴

까 하는 생각도 들었다고 한다. 그렇지 않아도 최근 한 중견기업에서 회사를 매각하라는 제의가 들어왔다. 회사를 팔면 직원들 대부분이 정리대상이 되기 때문에 그 부분이 마음에 걸린다고 한다.

사실 C사는 인사평가 시스템이 제대로 갖추어지지 않았다. 대표와 부서장들과 회의를 통해 승진 인사를 결정한다. 그러다 보니 종종 인사에 대한 불만이 제기되기도 한다.

K사 O사장은 외부에서 고객들을 만나고 사무실에는 거의 나오지 않는다. 내부 팀장들에게 일을 믿고 맡기고 있다. 그런데 T팀장이 개인용도로 술집에서 1,000만 원 넘게 법인카드를 사용한 것이 적발되었다. 그러나 O사장은 T팀장이 사용한 금액만큼 환수하는 선에서 이를 눈감아 주기로 했다. 왜냐하면 T팀장이 회사 내부 살림을 도맡아 잘하고 있다고 생각했기 때문이다.

회사 조치를 두고 K사 직원들은 황당해했다. 왜냐하면 형사고발을 하지 않는다 하더라도 해고할 줄 알았기 때문이다. O사장은 T팀장이 일을 제대로 하지 않는 '월급루팡'임을 몰랐을 뿐만 아니라 외부 일만 신경 쓰느라 회사 내부가 어떻게 돌아가는지 전혀 알지 못했다.

읍참마속(泣斬馬謖)은 엄정한 업무 처리를 위해 사사로운 정을 포기함을 가리키는 말로 제갈공명과 관련한 고사성어다. 제갈량이 황제 유선에게 출사표(出師表)를 올리고 위나라를 공격할 때의 일이다. 이때 위나라의 황제 조예는 사마의를 내보냈다. 제갈량은 식량 요충지인 가정을 누구에게 맡길까 고심에 고심을 거듭했다. 마속이 자신에게 맡겨 달라 큰소리치며 나섰다.

이에 제갈량은 마속에게 산기슭을 지키라고 신신당부했다. 그러나 마속은 제갈량의 말을 듣지 않고 산꼭대기에 진을 쳤다가 참패하였다. 마속을 베지 않고는 촉나라를 이끌 수 없는 일이었다. 제갈량은 마속이 형장으로 끌려가자 소맷자락으로 얼굴을 가리고 눈물을 흘렸다고 전해진다.

인사(人事)가 만사(萬事)다. 사람을 쓰는 일이 '만 가지 일', 즉 매우 중요하다는 뜻이다. 많은 사람이 인사가 중요하다고 말하지만 제대로 사람을 쓰지 못한다. 좋은 사람을 가까이한다는 것은 사람을 제대로 볼 줄 아는 데서 출발한다. 사람 관리가 처음과 끝인 것이다. 윗사람이 자기 기분 내키는 대로 인사를 하면 안 된다.

사람의 중요성은 아무리 강조해도 지나치지 않는다. 인재의 중용 여부에 따라 한 나라의 흥망성쇠가 달렸기 때문이다. 기업이야 두 말 하면 잔소리다. 삼고초려(三顧草廬)는 인재를 구하러 몸소 누추한 곳까지 찾아다니는 것을 일컫는 고사성어다. 유비와 같이 덕망이 있는 사람도 인재를 구하기 위해 세 번을 찾아 당대

최고의 인재 제갈량을 영입했는데, 우리와 같은 보통 사람이 인재를 구하기 위해 수십 번을 찾아간들 지나치다 말할 수 있을까?

　W사 K사장은 좋은 인재를 영입하기 위해 백방으로 뛰어다녔다. 그리고 어렵게 수소문해 J를 채용했다. 주택, 차량 등 여러 가지 혜택을 제공하는 조건이었다. 그런데 한 달 만에 영입한 인사가 제대로 된 인사가 아니라는 것을 파악했다. 인재인지 아닌지 알아보지 못한 자신을 탓했지만 어쩔 수 없었다. 그는 6개월 치 연봉을 지급하며 회사를 그만 두도록 요청했다. 그만큼 사람을 쓰는 일은 신중해야 한다.

의미 부여를 해야 행복이 느껴진다

행복은 거저 오지 않는다.
시간을 의식적으로 보내며 의미 부여를 해야
행복함이 느껴진다.
일체유심조(一體唯心調)다.
세상 모든 일이 오로지 마음속에
조(調)하는 것에 달려 있다.
여기서 조(調)는 '화합하다. 어울리다.
균형을 잡다'는 뜻이다.
길을 걸으며 주변을 돌아보라.
하늘, 바람, 길가의 꽃들.
감사함이 가득한 일이다.
행복함이 밀려오게 된다.

행복을 즐겨야 할 시간은 지금이다.
행복을 즐겨야 할 장소는 여기이다.

– 로버트 인젠솔

꼰대를 경계하라

'꼰대'는 권위적인 사고를 가진 어른이나 선생님을 비하하는 학생들의 은어였다. 최근에는 나이의 적고 많음을 떠나 시대에 뒤떨어지는 사고를 하거나 다른 사람에게 자신의 생각을 강요하는 행위 등을 하는 사람을 일컬어 '꼰대짓'을 한다고 한다. 꼰대가 문제가 되는 것은 의사소통이 되지 않음으로 인해 인간관계가 단절되어 서로가 불행해지기 때문이다.

이러한 분위기가 팽배한 환경에 있는 조직이나 기업 등은 생산적·발전적 상태로 나아가기 어렵다. '내가 선배니까, 나이가 많으니까, 경험이 많으니까 너에게 한 수 알려 줄게.'라는 생각이 든 적이 있다면 자신이 바로 꼰대가 되고 있다는 징조다.

꼰대들의 가장 큰 특징은 상대가 자신보다 어리거나 지위가 낮으면 만난 지 얼마 되지 않았음에도 상대에게 반말부터 하려 들거나 가르치려 든다. 이런 사람들은 대부분 자기 생각이 무조건 옳다고 생각하는 독선적인 사람이 많다.

다음은 꼰대들이 자주 하는 말들이다.

"말투와 태도가 뭐니?"

"그것도 몰라? 이것 하나도 못하니?"

"나 때는 얼마나 힘들었는지 알아?"

"술 먹을 때 주도(酒道)는 말야!"

"예의가 밥 말아 먹었어."

"너를 걱정해서 그러는 거야."

"인사성이 없어!"

이외에도 꼰대의 특징은 많다. 출신 대학에 따라 차별하는 사람도 꼰대다. 자신은 조언한다고 생각하지만 상대가 잔소리로 받아들인다고 판단이 들면 자신이 꼰대가 아닌가 의심해야 한다. 그리고 이를 고치기 위해 노력해야 한다.

어떻게 하면 꼰대가 되지 않을 수 있을까? 어떻게 하면 꼰대짓으로부터 탈출할 수 있을까?

무엇보다 '나는 절대 꼰대가 아니다.'라는 고정관념부터 버려야 한다. 자신도 모르게 꼰대가 될 수 있음을 의식하고 늘 상대방의 입장에서 생각하는 습관을 들여야 한다. 자신의 지위가 높다 하더라도, 나이가 많다 하더라도 상대에게 예의를 갖춰야 한다.

행복 사용법

행복을 아끼면 안 된다.
휘발성이기 때문이다.
행복은 나눠야 한다.
나눌수록 커지기 때문이다.
행복은 혼자만 가지면 안 된다.
줄어들기 때문이다.
행복은 바로 지금 여기에 있다.
멀리 있는 행복은 내 행복이 아니다.

PART 3

행복한 사람이
성공하는 것이다

생각을 조심해라, 말이 된다.
말을 조심해라, 행동이 된다.
행동을 조심해라, 습관이 된다.
성격을 조심해라, 운명이 된다.
우리는 생각하는 대로 된다.

– 마거릿 대처

존경받는 CEO는
존재하지 않는 것일까?

중소기업 K사의 얘기다. 아들이 회사를 물려받아 사장으로 일하고 있지만 대다수의 일은 여전히 회장이 지시하고 있다.

"제 아버지는 책임을 지지 않고 말이 계속 바뀌어요. 제가 항상 주장하는 것이 토의거든요. 대표, 부사장, 임원, 담당 모두 모여서 논의하자는 거예요. 그런데 제 아버지는 언제나 명령을 해요. 결국 일하는 것은 대표예요? 아니잖아요. 일은 담당자가 하는 거잖아요. 무조건 하라고요? 합리적으로 맞지 않거든요. 왜 그때 얘기 안 했냐? 명령을 내리는 그 자리에서 어떻게 거부해요? 회사가 발전하기 위해 토의가 이루어져야 한다고 봅니다."

그는 이 상황을 이렇게 해결한다.

"지시하는 그 자리에서 토 달면 찍히잖아요. 그래서 일단 '하겠습니다.'라고 말하고는 하루 이틀 뒤에 여러 가지 사안을 검토해서 보고해요. 왜 힘들게 처음부터 안 해도 되는 일들을 시키는 거냐고요."

A사 K사원은 최악의 사장을 만났다. 그래서 직장을 옮기려고 고민하고 있다. 그가 말하는 최악의 사장 행태다.

"지시한 일을 하고 있으면 왜 시키는 것만 하냐고 뭐라고 해요. 일을 찾아 하고 있으면 왜 묻지도 않고 네 맘대로 일을 하냐고 야단을 칩니다. 어쩌라고요?"

나이와 지위에 상관없이 본받을 만한 사람을 만나는 것은 정말 어려운 일이다. 점점 존경하는 사람을 만난다는 것이 쉽지 않은 일이 되고 있기 때문이다. 그런데 이것 하나는 분명히 느끼고 있다. '우리는 누구나 누군가의 사랑하는 사람이다.'는 사실이다. 그가 누군가의 부모이고 자녀라는 사실을 인식하면 그에게 부당한 대우나 불합리한 지시를 하지 않을 수 있다.

2006년경에 A사 P과장을 사무실에서 잠깐 만난 적이 있다. 계약서류를 제출하러 온 그에게 차를 권했다. 그는 자신이 근무하는 회사의 K사장에 대한 고마움을 구구절절 얘기했다. 회사 직원들에게 지분을 무상으로 나눠 주고 인격적으로 대우해 준다고 자랑을 했다. 시간이 흘러 한 행사에서 우연하게 K사장을 만났다. 당시 P과장이 아직도 회사에 다니고 있느냐는 물음에 "부사장이 되었다."고 했다.

나는 K사장의 자녀가 회사에 다니지 않는지 물었다.

"제 아들은 P부사장 밑에 이사로 있습니다. 그에게 일을 배우고 있어요."

반가운 마음에 P부사장에게 전화를 걸었다. 그는 A사에서 28년째 재직 중이라고 말한다. P뿐만 아니라 거의 대부분의 직원이 장기근속하고 있다고 한다. 직장에 다니고 생계를 꾸리고 사는 것이 점점 어려운 일이 되는 현실에서 가족처럼 오랫동안 함께 일한다는 것은 무척 아름다운 일이다. A사 CEO는 참 대단한 일을 하고 있는 것이다.

언젠가부터 나는 기업을 운영하는 일이 어릴 적에 슈퍼맨을 동경하듯 '멋진 일'로 느껴진다. 왜냐하면 직원들과 그 가족의 삶까지 일정 부분 책임지고 있기 때문이다.

만약에 내 부모와 내 자녀가 직장, 학교 등에서 부당한 대우를 받고 있다면 가슴 아픈 일일 것이다. 그런데 대표가 직원의 성장을 위해 관심을 가지고 보살펴 주기까지 하면 얼마나 감사한 일인가? 우리 주변에 이런 CEO가 무척 많이 있다. 단지 우리가 모를 뿐이다.

생각이 인생이 된다

생각이 삶이 된다.
생각하는 대로 살아야 한다.
그렇지 않으면 사는 대로 생각하게 된다.
생각이 행동이 된다.
행동이 습관이 된다.
습관이 운명이 된다.
생각이 인생을 만든다.

나 자신의 삶은 물론
다른 사람의 삶을 삶답게 만들기 위해
끊임없이 정성을 다하고 마음을 다하는 것처럼
아름다운 것은 없습니다.

– 톨스토이

당신은 프로인가?
아니면 아마추어인가?

프로와 아마추어의 차이는 단 한 가지로 말할 수 있다. 돈을 받고 일하느냐, 그렇지 않느냐다. 프로 선수가 프로답지 못할 때 아마추어 같다는 말을 한다. 프로 선수에게 최악의 모욕인 셈이다.

프로는 아름답다. 남이 시키지 않아도 즐겁게 일하기 때문에 주변 사람에게도 긍정적인 영향을 미친다.

한 경영 컨설턴트로부터 들은 얘기다. 그는 공무원을 하다 정년퇴직 후 컨설턴트 일을 하게 되었다. A사 경영 컨설팅을 하는데 B사에서 일하던 K임원이 보여서 깜짝 놀랐다. 자신도 모르게 K에게 어떻게 경쟁회사로 옮길 수 있냐고 따져 물었다. "상도(商道)가 없는 행위 아니냐?"고 말해 분위기가 순간 좋지 않게 되었다. 그러지 말아야 했는데, 그때 자신도 모르게 그 말이 입 밖으로 나왔다고 한다.

프로 선수의 경우 연봉이나 조건에 따라 팀을 옮기는 것이 비일비재하다. 이처럼 스카우트 제의를 받고 좋은 조건의 회사로 이직하는 것은 프로 선수에게 매우 당연한 일이다. 조건이 더 나은 회사의 스카우트 제의를 거절하는 것은 어쩌면 현실에서 어리석은 행위일 수 있다.

아무리 중소기업에서 일하더라도 우수한 인재는 뾰족한 끝을 가진 송곳처럼 의도하지 않아도 존재가 드러난다. 경쟁사로, 협력사로 인재의 가치가 가감 없이 알려지게 되는 것이다.

조직을 이끌어 가는 것도 사람이고, 조직의 근간을 이루는 것도 사람이다. 조직에서 일하는 사람들은 다음 3가지 유형으로 구분할 수 있다.

첫째, 일을 시키지 않아도 본인이 알아서 하는 사람

둘째, 시키는 일만 하는 사람

셋째, 시키는 일조차 제대로 하지 못하는 사람

당신은 어떤 사람인가?

일을 시키지 않아도 본인이 알아서 하는 사람은 낭중지추(囊中之錐)로 표현할 수 있다. 기업의 전문 경영인 또는 임원뿐만 아니라 직원의 경우도 특출난 사람은 금방 소문나게 되어 있다.

잘나가는 중소기업에 우수한 인재가 포진되어 있다면 대기업을 비롯한 많은 기업에서 그들을 스카우트하려고 혈안이 된다.

오너에게 이것은 매우 긴장되는 상황이다. 직원들이 동요하지 않도록 회사를 안정시키고 좋은 직장을 만들기 위해 더욱 매진할 것이다. 경영진은 직원들과의 스킨십을 강화할 뿐만 아니라 직원들이 느끼는 애로사항에 대하여 즉각적인 조치를 취하려 들 것이다.

실제로 업계에서 잘나가던 회사가 순식간에 그저 그런 회사로 전락한 사례가 있다. 능력 있는 CEO의 갑작스런 사망으로 아무런 준비 없이 그의 부인이 경영에 참여하기 시작한 후 우수한 인재들이 떠났기 때문이다.

폭발적인 성장을 하고 있던 I사에도 '핵심 인력들을 데려가기 위한 경쟁사와 대기업의 공격적인 시도'가 있었다. 위기의식을 느낀 I사장은 파격적인 임금 인상과 복지 증진을 통해 기존 종업원들의 충성심을 높였다. 그리고 임직원의 근로의욕을 고취시키고, 우수인력 확보를 통해 기술 혁신 및 생산성을 도모하고자 과감하게 스톡옵션을 내걸었다.

또한 이들이 회사에서 성장할 수 있도록 투자와 지원을 아끼지 않았다. 일·학습병행제 및 학습분임조 운영 등과 같은 다양한 활동을 병행하며 직원과의 연대의식 강화와 조직에 대한 신뢰를 키워 갔다. 지금은 조직이 매우 안정적으로 운영되고 있고, 적극적인 투자의 효과가 나타나면서 매년 매출액이 눈에 띄게 상승하고 있다.

마음을 다하면 일이 잘된다

어떤 일을 하더라도 정성이 없으면
일이 제대로 마무리되지 않는다.
마음이 가지 않는 일은 언제나 문제가 생긴다.
마음을 다하지 않았기 때문이다.
마음을 다하고 정성을 다한 일이 잘못된 경우는 없다.

독서가 정신에 미치는 효과는
운동이 신체에 미치는 효과와 같다.

– 리처드 스틸

CEO와
샐러리맨의 차이

　중소기업을 운영하고 있는 후배가 있다. 그는 대기업에 다니다 그만 두고 그를 포함해 5명이 조그만 회사를 창업했다. 기업의 생산 공정 등에 필요한 부품을 수입해 이를 기업에 납품하고 A/S 등 유지 관리를 전문으로 하고 있다. 사업 초기에는 어려움이 있었으나 이를 극복하고 지금은 어느 정도 매출을 올리고 있다. 그로부터 기업 경영론에 대한 얘기를 들었다.

　그는 작은 자본금으로 창업을 했기 때문에 마른 수건도 한 번 더 쥐어짜듯 경비를 아끼며 회사를 운영하고 있다. 그는 "월급날이 너무 자주 돌아온다."고 하소연한다. 창업 후 첫 흑자가 나기까지 처음 3년은 그에게는 너무나도 고통스런 시간이었다. 그러나 직원들과 한마음 한뜻으로 일했기 때문에 힘든 줄 모르고 일했다. 어느 정도 사업이 궤도에 오르고부터는 직원들 휴대폰 요금과 유류비를 100% 지원해 주고 있다. 필요한 경우 법인카드도 제공한다.

그는 기업체에 다닐 때 사장처럼 일했다. 'CEO 마인드'로 일을 했기 때문에 더 많이 배울 수 있었고, 결과적으로 회사 창업에도 도움이 되었다. 그는 "오너가 아닌데 CEO처럼 일하라고 하니 샐러리맨에게 있어 그 간격이 너무나 크다."고 말한다. 그렇지만 "보통의 회사에서 직원들이 CEO처럼 일한다고 하면 당장은 돈을 많이 받는 것도 아니지만 결과적으로 자신의 삶에 도움이 될 것이다."라며 덧붙인다.

수익을 내기 시작하면서 직원들에게 복지를 제공하며, 그는 직원들이 회사 돈을 자기 돈처럼 아껴 쓰지 않을까 내심 기대했다. 그런데 직원들이 그렇지 않아 많이 실망했다고 말한다. 한 직원의 경우 휴대폰 단말기 가격까지 휴대폰 요금에 포함시켜 청구하였다. 그리고 실제 사용한 유류비보다 많이 청구하는 직원들도 있었다. 그걸 알면서도 사내규정을 만들지 않는 이유가 가족 같은 회사 분위기가 깨질까 봐서라고 한다.

나는 "그에게 앞으로 회사를 크게 키워 가려면 사내규정을 만들고 원칙을 지켜 나가야 한다."고 조언했다. 그러나 그는 여전히 전과 마찬가지로 이를 모른 척하고 있다.

L은 D사에서 최연소로 임원이 되었다. 그는 매일 7시 30분이면 사무실에 출근하고 거의 밤 11시에 다 되어 퇴근한다. 그에게 왜 그렇게 하느냐고 물었다.

"대기업은 각자의 영역(무대)이 정해져 있는데, 중소기업은 그런 경계가 모호해요. 저는 구매 전문가도 아니고 개발에 대한 전문가도 아닙니다. 일을 위해서는 그쪽 분야를 이해하고 있어야 하고, 실제 관여도 해야 합니다. 구매는 종전 거래선을 잘 바꾸지 않고 고착화되는 단점이 있어요. 또한 연구소는 기존의 방식을 유지하려는 경향이 있어요. 기존의 습성을 깨면서 가야 조직이 강해지는데, 자체적으로는 잘 안 깨져요. 그것을 깨려면 타 회사의 경향이라든가 최신 기술에 대한 공부가 되어 있어야 해요. 그것을 완전히 숙지해서 몸에 배었을 때 우리 내부적으로 설명이 가능하고, 변화를 유도할 수 있다고 생각해요."

이어 그는 회사에서 자신의 영역을 어떻게 구축하였는지 설명했다.

"처음에는 너무 나선다고 욕을 많이 먹고 공격도 많이 받았어요. 그럴 수밖에 없어요. 2005년경에 거의 전 부문에서 저에 대한 험담이 들려왔어요. 그래서 회사를 그만 둘까도 생각했어요. 회사 대표님이 식사를 사 주면서 저에게 하신 말씀이 있어요. 너를 2~3년 정도 지켜봤는데, 조직의 발전과 건전성을 위해 노력하는 것이 내가 조직을 생각하는 관점과 같더라. 조직 내부에서 안 좋은 점이 들려 올 수 있으나 이왕이면 그런 것들은 무시하고 나와 같이 한 번 가 보자.”

누가 시키지 않았는데도 그는 스스로 회사를 위해 헌신하고 있다. 그가 Y대표 다음으로 회사 사정을 제일 많이 알 것이라는 생각이 들었다. 타인의 생각에 휘둘리면 자신의 삶을 사는 것이 아니고 다른 사람의 삶을 사는 것이다. 조직은 커지는데 구성원이 성장하지 않으면 상대적인 도태가 이루어진다. 마찬가지로 구성원이 성장하고 있는데 시스템이 받쳐 주지 않으면 구성원은 떠난다. 그의 회사에 대한 애정을 조직이 받쳐 주고 있다는 생각이 들었다. 언젠가는 그가 CEO가 되지 않을까 생각한다.

A사 대표이사 H는 동종 업계에서 무척 열정적인 사람으로 알려져 있다. 전 직장에서 적극적으로 일하는 모습을 창업주인 S회장이 눈여겨봤다. 회사가 커지자 S회장은 그를 대표이사로 스카우트하였다. 그가 추구하는 인재상은 ‘창조인’, ‘행동인’, ‘전문인’이다. 그가 일하는 방식을 직원들이 따라 주기를 기대하고 있다.

CEO와 샐러리맨은 다른 길을 가고 있는 것이 아니다. 같은 길을 가고 있다. 회사의 성장과 직원의 발전이 별개가 아니다. 함께 발전하는 것이다. 조직에 너나 할 것 없이 ‘CEO’와 ‘전사들’이 가득할 때 조직의 미래가 활짝 열릴 것이다.

책을 읽으면 얻는 것

책을 읽으면
지식과 새로운 정보를 얻게 된다.
상상력과 사고력이 커진다.
깨달음과 지혜를 얻을 수 있다.
많은 경험을 얻을 수 있다.
즐거움과 감동을 받는다.
무엇보다 삶을 풍요롭게 한다.

비관론자는 모든 기회 속에서
어려움을 찾아내고
낙관론자는 모든 어려움 속에서
기회를 찾아낸다.

– 윈스턴 처칠

사람 사이에 믿음이 없으면
불행해진다

내가 예전 초등학교 다닐 때는 반장과 부반장을 선생님이 지명해서 뽑았다. 요즘은 반장과 부반장 대신에 회장과 부회장이라고 한다고 한다. 초등학교 1, 2학년 때에는 번호 순으로 돌아가며 일주일씩 회장을 하다가 3학년이 되면 학기마다 투표로 학급 회장과 부회장을 선출한다.

친한 동료의 딸 이야기다. 반 회장 선거에 동료의 딸과 친구는 서로 추천해서 나가기로 했다. 그런데 투표 결과를 보니 친구는 2표 나왔는데, 딸은 1표도 못 받은 것이다. 찍어 주기로 한 친구가 딸을 안 찍고 자신에게 투표를 한 것이다. 그날 집에 돌아온 딸은 많이 속상해서 눈물을 흘렸다고 한다. 참, 이런 경우 어떻게 위로를 해야 할까? 나이를 들면서 몇 번의 배신을 당하게 되면 사람을 믿는 것이 쉽지 않게 된다.

　의심이 많은 사람은 무슨 일을 하든 타인을 의심하기 때문에 일에 대한 긴장감과 스트레스가 높아져 일의 즐거움이 반감된다. 정보사회에서도 다른 사람과 협력 없이는 일을 해 나갈 수 없다. 개인, 기업, 조직 등 유기체들은 주변 환경을 비롯해 각각의 개체와 소통과 협력을 해야 살아남을 수 있고, 발전할 수도 있는 것이다.

　그래서 세상에서의 삶은 '다른 사람과 협력하는 과정'이라고 말할 수 있다. 자신의 정서를 나누지 못하고 의지할 데 없는 사람은 너무나도 외롭기 때문에 세상 사는 재미가 없을 뿐 아니라 그 성취도 한계가 있을 수밖에 없다.

　비즈니스 세계는 냉혹하고 살벌한 정글의 법칙이 적용되는 세계이다. 믿을 수 없는 사람과 어떻게 거래할 수 있겠나? 그렇기 때문에 정직하고 성실한 사람에 대한 선호 현상은 그 어떤 분야보다 크다 할 수 있다. 이러한 이유로 "신용 덕분에 비즈니스에 성공할 수 있었다."라고 말하는 기업인이 매우 많다.

　N사 A사장은 솔직하지 못했다. 회사가 잘될 때도 있었지만 그는 "회사가 어렵다."는 말을 입에 달고 살았다. 평소 하는 말은 "아껴 쓰라."는 말이었다. 직원들은 그를 '꼰대'로 여겼다.

　회사 매출액이 100억 원을 넘기며 급성장하던 때도 있었다. 그렇지만 한 번도 제대로 직원들에게 상여금을 챙겨 준 적이 없었다. 그는 새로 공장을 짓기로 결정했다. 직원들은 은행에서 돈을 빌려 투자하는 것은 위험하다고 만류하였다. 회사 자산에 비해 지나치게 많은 돈을 빌리는 것이었기 때문이다. 그러나 그는 직원들을 믿지 않고 외부인의 말만 신뢰했다. 나중에 땅값이 2배로 오를 것이라는 달콤한 말에 현혹된 것이다. 과도한 대출로 이자를 내지 못해 회사는 결국 부도를 내고 말았다.

그는 잘못된 의사결정 한 번으로 공든 탑이 무너진다는 것을 처절하게 깨달았다. 그러나 이제 더 이상 자신에게 기회가 없다는 것을 직감하고 있다. 한때는 전도유망한 사업가였지만 현재는 어렵게 회사에 취직하여 직장인으로 근근이 목에 풀칠하고 있다. 뒤늦게 자신이 한 결정을 후회했지만 이미 때는 늦었다.

S사 J대표는 직원들이 적극적이지 않고 수동적인 행동을 할 때면 자신도 모르게 정주영 회장처럼 "이봐, 해 보기는 해 봤어! 내가 해 볼까?"라는 말이 욕설과 함께 입 밖으로 튀어나오려는 것을 간신히 참는다고 한다. 그렇게 욕하고 나면 자신의 의사결정이 잘못 되어도 직원들이 얘기를 하지 않을까 두렵기 때문이라는 것이다.

D사 Y대표는 CEO의 덕목으로 '신뢰'를 강조하고 있다. 경영 실적을 매달 공개한다. 거래처 대금이나 급여도 항상 일정보다

늦지 않도록 한다. 이런 신뢰가 쌓여 금융위기 당시, 부도의 위험에 직면했으나 그를 믿고 따라 준 직원과 협력사의 도움으로 회사를 지킬 수 있었다.

N사 R대표는 최근 감기 몸살로 매우 아팠다. 일주일 동안 회사에 나가지 못했다. 그녀는 회사를 그만하고 싶은 마음뿐이다. 왜냐하면 직원들에게 실망하였기 때문이다.

그녀는 대학을 졸업하자마자 사업을 시작하였다. 조달청에 출입하던 그녀의 모습은 열정적이고 적극적이어서 매우 인상에 남았다. 당시 R대표로부터 함께 일하는 여직원의 집이 경매에 넘어가게 돼 그녀를 위해 5,000만 원이 넘는 돈을 무상으로 주었다는 얘기를 들었다. 그 말을 듣고 그녀가 대단하다는 생각을 했다.

그 이후 15년이 흘러 우연한 기회에 예전에 경매를 막아 주었던 여직원이 회사에 다니고 있는지 물어 보았다. 몸이 아팠다는 그녀는 열이 오른 목소리로 다음과 같이 말했다.

"안 다녀요. 당시 5,000만 원을 빌려준 것도 아니고, 그냥 준 거였잖아요. 그런데 그해에 그만 뒀어요. 배신감 안 느꼈어요. 세상이 그런 건데요. 뭘."

"5,000만 원을 대가 없이 그냥 줬는데요?"

"아, 그러니깐 사업할 마음이 안 나죠. 자기들 이익에 따라 변하고 나가더라고요."

당시 그녀는 회사를 막 창업하여 열정이 뜨거울 때였다. 그런데 직원들에게 몇 번의 배신을 당하고 나니 냉소만 가득해졌다고 한다. 그녀는 자신과 친하게 지내던 한 사장 얘기를 꺼냈다.

K사는 매출 300억 원 정도 하는 회사라고 한다. K사 사장은 회사가 어려워지면서 공장 한 개를 처분하기로 하였다. 다음은 R사장으로부터 들은 얘기다.

"퇴직금 지급으로 예상하지 못했던 비용이 나가게 됐으니 일주일만 늦게 상여금이랑 같이 지급하면 안 되겠냐? 그러자 말단 대리가 뭐라고 했는지 알아요? 돈도 없이 사업하느냐고 했대요. 그 실망감에 K사 사장은 사업을 접었어요. 그 말에 상처를 받고 나머지 공장까지 팔고 사업을 그만 둔 거예요."

예전에 열정이 가득했던 그녀는 많이 지친 것 같았다. 그녀는 사업을 하면서 가장 힘든 일이 '사람 관리'라고 말한다. 비즈니스 세계에선 사장도, 직원도 모두 상처 입는 일이 많은 것 같다. 그 사이에 돈이 개입되어 그런 것일까. 사람 사이에 믿음이 없으면 불행해진다.

선택하는 사람이 되자

하나를 선택해야 한다면
낙관론자는 선택한다.
비관론자는 포기한다.
비관론자는 선택하지
못하는 사람이다.
낙관론자는 어떤 경우에도
선택하는 사람이다.
당신은 선택하는 사람이다.
당신은 낙관론자이다.

자신을 청결하고 환하게 지켜야 한다.
나 자신은 세상을 바라보는 유리창이므로.

– 조지 버나드 쇼

인사는 축복을
부르는 메아리다

인사는 자신의 존재를 상대방에게 알리며 '당신과 친해지고 싶다.'는 메시지를 전달하는 신호다. 인사는 일종의 관계를 맺거나 유지하기를 원하는 사람에게 하는 것이다. 상대방에게 인사를 하지 않는 것은 적극적인 인간관계를 원하지 않기 때문이다. 그래서 전에 만난 사람이 나에게 인사를 하지 않는다면 그 사람은 나와의 관계를 원하지 않는다고 해석하게 된다.

어떤 사람이 누군가에게 인사를 한다는 것은 상대방에게 마음이 열려 있다는 뜻이다. 인사는 마음을 열어 주는 열쇠와 같은 역할을 한다. 인사를 통해 상대에 대한 경계심을 허물며 발전적인 관계로 나아가게 된다.

내가 사는 아파트 단지 앞 상가에는 조그만 가게가 몇 개 있다.

나는 조금 거리가 있는 대형 쇼핑몰까지 가서 물건을 사는 것이 귀찮아 동네 가게를 이용하는 편이다. 이곳을 이용하며 나는 우리나라 사람들의 인사 예절이 어색하고 서툴다는 것을 많이 느낀다.

가게에서 물건을 살 때는 너무나도 곰살궂게 대하다가 거리에서 마주치면 시선을 피하는 것을 많이 봤다. 처음엔 눈인사라도 해야지 하다가도 먼저 피하는 사장을 보고는 짐짓 어색해져 덩달아 모른 척한 경우도 있다. 더불어 사는 사회에서 눈인사라도 하고 살면 훨씬 아름다운 사회가 될 것이라는 생각이 든다.

가게를 찾아오는 손님에게 인사하는 것은 '비즈니스'이지만, 가게를 벗어나 길에서 인사하는 것이 마치 '자존심 상하는 일'이라도 된다는 것일까. 물건을 팔아 줄 때만 '친절'을 생각하니 인사하는 것이 많이 어색해진다. '같은 값이면 다홍치마'라는 말이 있듯이 이왕이면 '인사를 잘하는 집'에 더 자주 가게 되는 것이 인지상정이다.

우리 동네 상가에 마트가 세 군데 있다. 자연스럽게 조금 비싸도 더 친절한 마트를 찾게 된다. 나는 '인사를 잘하는 것'이 먹고 사는 데도 도움이 된다고 생각한다.

설사 모르는 사람이라도 시선이 마주쳤을 때 가볍게 인사를 나누면 얼마나 부드러운 사회가 될까? 하물며 사업을 하는 사람이 타인의 시선을 피하고 인사하는 것을 싫어한다면 비즈니스하는 자세가 되어 있다고 할 수 있겠는가?

인사를 먼저 하지 않거나 인사하는 목소리에 힘이 없는 사람 중에는 소극적이거나 부정적인 사람이 많다. 이런 사람들은 비즈니스를 제대로 할 수 없다. 자기 자신을 상대에게 드러내거나 상대방과의 커뮤니케이션이 힘든 사람은 절대 비즈니스가 맞지 않다. 이런 성향의 사람이 비즈니스를 생각하고 있다면 자신을 바꿔야 한다. 그렇지 않으면 비즈니스 시작 단계에서 좌절을 맛보게 될 것이다.

사람들이 오해하는 것이 하나 있다. '인사는 지위가 낮거나 어린 사람이 먼저 해야 하는 것'이라는 것이다. 이런 오해 때문에 나이가 든 사람이 먼저 인사하는 경우가 드물다. 그러다 보니 인사를 무척 힘들어하는 사람이 많다.

모르는 사람과의 인사는 어차피 타인이기 때문에 전혀 문제가 되지 않는다. 그러나 그렇지 않은 사이에 인사를 하지 않는다는 것은 발전적인 관계를 전혀 원하지 않는다는 뜻이다. 인사를 해도 받지 않으면 상대방은 자신을 무시하는 것으로 받아들인다. 아무리 밝게 인사를 해도 받지 않으면 어쩔 수 없는 일이다. 그렇다 하더라도 인사라는 행위는 상대방의 반응을 통해 나를 확인하기보다는 나의 행위를 통해 자신을 확인하는 것이라고 생각하는 것이 좋다. 그렇게 생각하면 타인의 반응에 상관없이 인사를 잘하게 된다.

인사는 타인과의 교감을 통해 자신의 존재를 확인하게 한다. 밝게 인사하는 사람은 주위에 많은 사람이 모인다. 그만큼 자신의 세계가 넓어지는 것이다. 많은 사람과의 대화를 통해 온갖 삶의 지혜를 배우고 정체성을 확립함으로써 자신의 가치를 높인다.

우연히 기차를 타고 가다가, 비행기를 타고 가다가 옆자리에 앉은 사람과 몇 마디를 나누다가 인연이 되어 결혼까지 하게 된 경우도 있다. 나는 옆 사람과의 우연한 대화를 통해 '비즈니스 기회'를 찾은 사람도 보았다. K사 M사장은 옆자리 손님과 대화를 통해 엄청난 부를 쌓게 되었다. 반갑게 나누는 인사는 상대방을 위한 것이 아니라 결국 자신을 위한 것이다. 인간은 관계를 통해 자신을 확인하는 동물이기 때문이다.

상대가 기분이 좋지 않으면 어느새 그 영향이 나에게 오게 된다. 인사를 잘하는 사람들의 공통점은 조직에서 인정을 받는 사람이 많다. 밝게 인사하는 사람들 주변에는 좋은 사람들이 모인다. 인사를 하는 것은 자신에게 보내는 메아리다.

"안녕하세요?"

"안녕하세요?"

"오늘 멋지시네요!"

"오늘 멋지시네요!"

"부자 되세요!"

"부자 되세요!"

나는 항상 "부자 되세요!"라고 인사하는 사람을 알고 있다. 그 사람은 인사를 잘해 정말 부자가 되었다. 자신을 찾아오는 손님에게 진심을 다해 축복하며 인사를 해 보자. 그러면 자신을 축복하게 돼 훨씬 행복하게 될 것이다.

인사는 하루 몇 번 해야 하나? 많을수록 좋다. 처음 만날 때와 헤어질 때 소리 내어 인사해야 한다. 하지만 중간에 만나며 하는 인사는 가벼운 목례나 눈인사로도 충분하다.

세상을 보는 창

고정관념과 편견으로 세상을 보는 사람은
세상을 제대로 볼 수 없다.
세상이 왜곡되어 보이기 때문이다.
탁한 렌즈로 세상을 보고 있다면
무지가 가득 차 있는 것이다.
세상을 제대로 보기 위해,
문제를 해결하기 위해 나를 돌아봐야 한다.
오류 없이 세상을 볼 수 있도록.

인생이라는 마라톤에서 성공하려면
목표에 대한 헌신, 인내,
동료에 대한 사랑이 필요하다.

– 존 켈리

조삼모사 리더십,
마음을 열어야 한다

조삼모사(朝三暮四)는 매우 유명한 사자성어다. 중국 송나라에 원숭이를 좋아하여 키우는 저공이란 사람이 있었다. 그런데 원숭이의 수가 늘어나면서 원숭이 먹이인 도토리를 구하는 일이 쉽지 않았다. 이에 저공은 원숭이들을 모아 놓고 이야기했다.

"이제부터는 도토리를 아침에 3개, 저녁에 4개씩 주겠다."

그러자 원숭이들이 모두 반발하였다. 그러자 저공은 바꾸어 말했다.

"그럼 아침에 4개, 저녁에 3개를 주겠다."

이에 원숭이들은 좋아하며 고개를 끄덕였다.

대부분의 사람은 원숭이 입장에서 '눈앞의 이익을 중요시하여 결국 결과가 같은 것'을 놓친 '원숭이의 어리석음'으로 해석한다. 또한 저공의 입장에서는 '속임수로 상대방을 현혹시키는 것'으로 받아들인다.

나는 이것을 달리 해석하는 것이 바람직하다고 생각한다. 저공이 상대방을 존중하는 사람이 아니었다면 아무런 설명도 없이 '아침에 3개, 저녁에 4개' 주어도 됐을 것이다. 그런데 저공은 적극적으로 상황을 이야기했다. 상대를 배려한 것이다. 원숭이들이 반발하자 '내 맘대로 할 거야!'라고 기분 나빠하지도 않았다.

그는 '아침에 4개, 저녁에 3개'라며 적극적으로 대안을 제시한다. 이에 원숭이들은 좋아하며 받아들인다.

건강한 삶을 유지하기 위해 어떤 식사가 바람직할까? 하루 한 끼를 폭식으로 먹는 것보다 여러 번 나누어 먹는 것이 건강에 좋다. 저공은 원숭이를 위해 '하루에 7개를 한꺼번에 주지 않고 나누어 주겠다.'는 생각을 한 것이다. 그리고 이를 적극적으로 설명했다.

'아침에 적게 먹고 저녁에 많이 먹는 것'보다 '아침에 많이 먹고 저녁에 적게 먹는 것'이 건강에 좋다. 어떻게 보면 저공과 원숭이 모두 합리적인 선택을 한 것이다. 경제적 상황이 좋지 않은 상황에서 '아침에 더 달라고 했다.'면 저공이 받아들이기에 쉽지 않았을 것이다.

우리는 믿음이 없는 사회에 살고 있다. 사람들의 표정이 굳어 있는 이유가 상대방을 믿지 못하기 때문이라는 생각이다. 조금만 적극적으로 상대방의 입장에서 생각하고 소통하면 사는 것이 덜 힘들 것이다.

나는 저공이 상대방에 대해 적극적으로 소통하는 '리더십'에 주목하고 싶다.

삶의 여정에 친구가 필요하다

무엇이 중요한지 모르기 때문에
실수를 반복한다.
힘들지만 가야 하는 길,
포기하지 않고 가야 하는 길,
혼자만 가는 삶은
너무나도 외롭다.
친구가 없기 때문이다.
다른 사람을 격려하면
나 또한 격려받게 된다.

일이 즐거우면 인생은 낙원이다.
일이 의무에 불과하면 인생은 지옥이다.

– 막심 고리키

비즈니스에도
사람이 살고 있다

　사람의 만남에 어떤 특정한 의도가 있거나 도움을 바라며 만나는 관계는 그리 오래가지 않는다. 왜냐하면 그런 만남은 목적성 만남으로 편한 관계가 아니기 때문이다. 일시적 관계는 가능해도 지속적인 관계가 될 수 없다.

　비즈니스 관계라도 '무미건조'하고 '재미없음'만 가득하면 더 발전적인 관계로 나아갈 수 없다. 아무리 '일로 만난 사이'라도 사적 영역에 대해 전혀 곁을 내주지 않으면 마음을 열지 않는 것으로 받아들이기도 한다. 지나치게 '공적'이거나 '사무적'이면 빨리 일을 끝마치고, 그 자리에서 달아나고만 싶다. 티끌 하나 손해를 보지 않고 지지 않으려는 사람은 상대에게 부담감을 주기만 한다.

비즈니스 관계라도 법률, 사회적 관습, 거래 형태 등 외부 상황에 대한 고려 없이 무조건 자기에게 유리한 상황으로만 해석하고 상대방에게 이를 관철하려고 하면 결국 자신에게 이익이 없을 뿐만 아니라 그 관계도 깨져 버리게 된다. 그렇게 해서 깨져 버린 관계는 다시 복원하는 것이 불가능하다. 이런 경우 마지막 수단으로 유력 인사, 언론을 동원해서도 안 되니 심지어 '죽는다'는 협박까지 하기도 한다. 정말 난감한 일이다. 아무리 떼를 써도 되지 않을 일이 되게 할 수 없다. 얼마나 어리석은 일인가. 세상이 그리 호락호락하지 않다.

많은 CEO에게 성공의 비밀을 물어 보면 누구나 아는 '식상한 비결'이 대부분이다. 그중 높은 비중을 차지하는 것이 '신용'이다. I사와 W사 모두 부도의 위기를 겪었는데 모두 거래처에서 설비와 원자재를 외상으로 주고, 심지어 구매자금을 빌려주기까지 하였다. I사 L대표는 다음과 같이 말한다.

"평소 나 혼자 먹고살기 위해 업계에 적을 많이 만들었다면 재기가 힘들었을 것입니다. 나는 지금도 동종 업계 경쟁사 그리고 협력사들과 상생할 수 있도록 많은 부분을 소통하고 있습니다."

W사 K대표는 "거래를 하신 분들이 나를 보고 주신 거죠. 평소 신용이 있었기 때문이에요. 경쟁업체가 조금 더 싸게 준다고 해서 쉽게 거래처를 옮긴다거나 그러지 않았어요. 그것은 사업을

시작한 후 반드시 지키고 있는 원칙이에요. 그래서 나를 믿게 된 것입니다."

O사 K대표는 직장 생활을 하다가 창업을 하였다. IMF가 닥치고 그도 위기를 겪었다. 전에 다니던 직장 상사가 전화를 해서 자금이 필요하지 않느냐며 선뜻 돈을 빌려주었다. 그가 직장 생활을 할 때 보여 준 신뢰가 위기에 직면했을 때 버팀목이 되어 준 것이다.

"IMF로 너무 힘들 때였어요. 회사 재무를 책임진 분이셨는데, 저에게 돈이 필요하지 않느냐고 하더라고요. 어디서 제가 힘들다는 얘기를 들으신 것 같아요. 그분은 덩치가 작으신 분이었는데, 제게는 '자이언트' 같은 분이시죠."

너무 이기적으로 사업을 하는 사람은 결국 몰락하는 과정을 자신이 스스로 초래하게 된다. 그 누구도 외부와 협력 없이 사업을 영위할 수 없기 때문이다. 상대와의 문제가 봉착되어 어려움을 겪고 있다 하더라도 사업을 합리적으로 생각하고 상대방의 입장에 서면 극단적인 문제도 해결될 수 있다.

남이 가지 않는 길을 가야 성공한다고 하지만, 절대 가지 않아야 하는 길이 있다. 바로 사람에 대한 배려가 없는 자신만을 위한 길이다.

일의 즐거움

일을 즐겨라. 시간이 즐겁게 흐른다.
즐겁지 않은 일은 고통만 가득할 뿐
시간이 가지 않는다.
타인에게 기쁨을 주는 삶은
기쁨이 줄어들지 않는다.
오히려 기쁨이 배가 된다.
일의 즐거움에 천국이 있다.
일의 괴로움은 지옥으로 안내한다.
일을 즐기면 행복은 자연히 따라온다.

감사한 마음을 가지면
당신의 주파수가 변하고
부정적 에너지가 긍정적 에너지로 바뀐다.
감사하는 것이야말로
당신의 일상을 바꿀 수 있는
가장 빠르고 쉬우며 강력한 방법이다.

– 오프라 윈프리

기본이 곧 혁신이다

우리는 지금 변화와 혁신의 시대에 살고 있다. 혁신이 지나치게 강조되다 보면 기업을 비롯해 조직, 개인들 대다수가 혁신에 대해 피로감을 느끼게 된다. 때로는 혁신을 위해 추진한 일이 도리어 자신을 위기에 빠트리게 하는 경우도 생긴다. 혁신에 대한 부작용이 발생하게 되는 것이다.

처음부터 '일의 기본'을 등한시하는 조직이나 사람은 없다. 누구나 처음에는 기본을 '금과옥조(金科玉條)'로 여긴다. 원칙과 기준을 중요시 여기던 신입직원도 어느덧 경력이 쌓이면 '요령' 있게 일하려 든다. 꾀를 피우며 하던 일에 문제가 생기지 않으면 그때부터는 일을 대충하기도 한다. 사소한 문제가 쌓여 어느 날 갑자기 위기가 찾아온다. 이때 필요한 것은 변화와 혁신이 아니라 다시 기본으로 돌아가는 것이다.

사업뿐만 아니라 공부에서도, 탁구·골프 등 운동에서도 기본이 강조된다. 그러나 이 기본을 하는 것이 지루하고 재미없기 때문에 화려한 '혁신'을 찾게 되는 것이다. 똑같은 것을 반복하는 것이 남보다 뒤처지는 것 같아 뭔가 특별한 변화를 꾀하고 싶은 마음이 절로 드는 것은 당연하다.

번쩍이는 유행의 확산을 넋 놓고 바라보고 있으면 자신이 하는 방식이 고루하고 시대에 뒤떨어진 것으로 여겨진다. 그래서 새로운 것에서만 가능성을 찾으려 든다. 시대의 변화나 유행을 쫓다 보면 자신도 모르게 기본을 망각하게 된다.

혁신을 하는 것도 어렵지만, 더 어려운 것은 기본을 유지하고 실천하는 일이다. 실천이 쉽지 않은 이유가 무엇일까? 나는 그 이유가 '자세와 태도의 빈곤'이 아닐까 생각한다.

학창 시절부터 어른이 되어서도 "기본을 하라."는 말을 자주 듣는다. 지겨울 정도다. 그렇다면 기본이란 도대체 무엇이며, 기본을 왜 해야 할까?

이런 생각에 사로잡혀 있을 때 우연치 않게 방문한 곳이 가축 잔존물 처리를 전문으로 하는 H사였다. 공장 입구에 들어서자 '동물사체 처리 과정'에서 나오는 냄새가 역하게 풍겨 왔다. 공장 안 오른쪽 모퉁이에 작은 사무실이 있었고 사무실을 지나 사장실이 보였다. 사장실에 들어서니 바깥으로 통하는 커다란 창문이 여러 개 있었는데, 그중 하나가 열려 있어 동물사체 냄새가 스며들고 있었다. 나는 P대표에게 냄새가 들어오는데 왜 창문을 열어 놓고 있느냐고 질문했다. 그는 웃으면서 다음과 같이 말했다.

"냄새를 맡고 있어야 동네 사람들에게 할 얘기가 있어요. 창문을 항상 열어 놓고 있습니다."

그의 책상 뒤 벽에 붙어 있는 사훈이 눈길을 사로잡았다.

'소지황금출(掃地黃金出), 개문만복래(開門萬福來)'

'땅을 쓰니 황금이 나오고, 문을 여니 만복이 온다.'는 뜻이다. 사실 적극적으로 몸을 움직여서 일하고 열린 마음을 가져야 복이 온다. 이것은 우리의 마음가짐인 '기본'을 의미하는 글이 아닌가 하는 생각을 했다. 소지(掃地)와 개문(開門)하는 즐거움이 있어야 재물과 복이 있는 것이다.

누군가가 일을 해야 한다면 내가 먼저 나서서 해야 '재물운'이 찾아오고, 남에 의해서가 아니라 스스로 문을 열고 밖으로 나가 손님을 반갑게 맞이해야 복이 온다. 모든 일에 자발적으로 나서서 일하니 행운이 제 발로 찾아오는 것이다.

그곳의 사장은 마치 냄새를 전혀 맡지 못하는 사람처럼 보였고 자신이 하는 일이 매우 즐거워 보였다. 그는 동물사체 열처리 과정을 설명하는 중 잔존물을 맨손으로 만지기도 하였다. 너무나도 자연스러운 행동이었다. 일을 대하는 태도에서 자신의 일을 진심으로 사랑하고 있다는 느낌을 주었다.

그는 직원들에게 강조하는 말이 있다.

"각자가 자신의 일만 하면 되는 것이 아니라, 다음 사람이 어떻게 일을 처리하는지 명확히 알아야 일이 연속성 있게 처리되고, 실질적인 소통이 된다." "기본이 자기 일만 맡아서 하는 수동적인 것이 아니라 동료와 함께하는 적극적인 협력 행위다."

다른 부서와 협업 과정에서 자신이 하는 일만 쳐다보고 조금도 관련 일에 발을 담그지 않는 직원이 있으면 함께 일하는 과정이 무척 고통스럽다.

"나도 좋고 너도 좋고 세상도 좋은 일이며, 힘들고 어려운 일이지만 국가에도 도움이 된다고 생각을 하니 행복한 마음이 절로 든다."

그는 자신이 하는 일을 무척 자랑스럽게 여기고 있었다. 그를 보며 자신의 일을 사랑하는 것이 기본이고, 혁신의 시작이라는 생각이 들었다. 기본과 혁신은 전혀 별개로 동떨어진 것이 아니라 같은 방향을 보는 것이다. 자신이 하는 일을 즐기고 좋아하고 기본을 지키다 보면 혁신도 잘하게 되는 것이 아닐까. 자신이 하는 일을 단순히 자기 과시 수단으로 생각하지 않고, 신성한 것으로 여기며 최선을 다할 때 우리가 사는 세상에도 크게 기여를 하게 된다.

행복해지는 비밀

감사합니다.
온 종일 감사합니다.
아침에 일어나자마자
감사합니다.
밥 먹으면서도
감사합니다.
모든 일에 감사합니다.
감사가 걱정을 사라지게 한다.
자꾸만 좋은 일이 생기게 한다.

PART 4

긍정적 사고로
나를 바꾸어야 한다

남에게 이기는 방법의 하나는
예의범절로 이기는 것이다.

– 조시 빌링스

끊임없이 소통하라

CEO가 느끼는 위기를 조직 구성원들이 잘 모를 수 있다. 구성원들이 인식할 수 있도록 이를 올바르게 전달할 필요가 있다. 이것이 성공적 혁신을 위한 첫 번째 열쇠다. CEO가 위기 상황을 구성원들에게 전달하기 위한 방법으로는 대화가 필수이다. 이를 위해 회의시간 또는 이메일을 활용하는 것도 좋다.

K사 P사장은 직원들에게 정기적으로 메일을 보내고 있다. 그가 직원들에게 보냈던 메시지를 책으로 출판하여 좋은 반응을 얻기도 했다.

직원들을 만날 때는 가급적 많은 직원을 한 번에 만나는 것보다 소규모로 만나 대화하는 것이 좋다. 회사 상황을 올바르게 알리고 새로운 방향을 전달하면서도 구성원들의 목소리를 직접 들는 것이 목적이기 때문이다.

이것을 게을리하는 것은 말로만 혁신을 외치는 것이라 할 수 있다. 구성원들이 무슨 생각을 하고, 일은 제대로 하는지, 무슨 문제로 고민하는지 이해하지 못하면서 그들로부터 혁신을 위한 지지를 얻을 수는 없다. 필요하다면 일대일로 만나 대화하는 것도 좋다.

팀장들이 '월급루팡'이 많아 골치 아팠던 한 중소기업의 경우 CEO가 하부 직원들과 소통하기 시작하자 팀장들이 긴장하기 시작하였고, 그들의 일하는 분위기도 대폭 개선되었다.

많은 연구 자료와 사례들에 따르면 CEO의 상황 인식과 위기의식이 부족하고 CEO로서 마땅히 수행해야 할 역할을 제대로 수행하지 못하는 경우 그 조직은 실패할 확률이 높았다. 또한 CEO의 관심과 지원 없이 아래로부터 추진하는 혁신도 성공할 확률이 매우 낮았다. 혁신을 추진하던 사람들의 대다수는 조직을 떠날 수밖에 없었다. 시스템이 완성되고 제대로 유지되기 위해서는 무엇보다 CEO의 적극적인 관심이 필요하다.

리더가 앞장선다고 구성원의 혁신에 대한 반응이 곧바로 나타나는 것은 아니다. 리더가 외치는 혁신의 소리를 구성원들이 공허하게 받아들이는 경우가 많기 때문이다. 이럴수록 리더는 확고한 의지를 반복적으로 보여 주어야 한다. CEO의 의지가 제대로 전사적으로 전파되지 않으면 혁신은 절대로 시작될 수 없다.

CEO는 때와 장소를 가리지 말고 변화의지를 보여 주어야 한다. 확실한 메시지가 지속적으로 전달되어야 구성원들의 냉소주의를 극복할 수 있다.

"웃기고 있네, 뭘 바꾸라는 거야?"

"저러다 말겠지!"

위기를 진단하고 혁신을 앞장서서 진두지휘한 대표적인 CEO로 잭 웰치 회장이 유명하다. 잭 웰치는 1960년 제너럴일렉트릭(GE)에 평사원으로 입사하여 1980년 45세의 나이로 GE 회장에 취임하였다. 말단직원에서 그룹 회장까지 올라간 기업 문화는 우리에게 놀라움을 안겨 주었다. 그는 GE가 한참 잘나갈 때였지만, 대규모 구조조정과 혁신의 칼을 빼들었다. 초반 직원들의 저항과 부정적인 여론이 많았지만 흔들리지 않았다. 그의 강한 리더십이 혁신적인 기업으로 바꾸었다는 평가를 받게 되었다.

"현실을 직시하라. 과거에 집착하거나 당신이 바랐던 대로 보려고 하지 마라."

"변화하지 않으면 안 되는 상황에 놓이기 전에 먼저 변화하라."

그가 떠난 후 한동안 GE는 잘나갔다. 그러나 그의 리더십에 의존했던 GE는 다우지수에 편입된 지 111년 만인 2018년에 퇴출되었다. 살아 있는 '경영 교과서'라는 찬사를 들으면서도 '중성자

폭탄 잭'이라는 냉혈한을 뜻하는 별명으로 불리기도 했는데, 사실상 그가 주창했던 혁신은 '지속가능한 경영 시스템'을 만들지 못한 것이다.

사람이 잘 바뀌지 않듯이 기업의 체질 개선은 쉽지 않다. 사람이 바뀌더라도 '지속가능한 경영 시스템'이 만들어져야 하는 이유다.

리더들이 조직 분위기를 바꾸기 위해 쓰는 방법 중의 하나가 위기의 조장이다.

"나는 조직 분위기를 장악하기 위해 말 잘 듣게 보이는 직원을 골라 트집을 잡아 혼을 냅니다. 이렇게 분위기를 만들면 조직은 긴장하고 구성원들이 내가 보스라는 인식을 하게 됩니다. 늘 이러한 방식으로 조직을 장악했습니다."

권위주의 리더십을 가진 사람들은 퇴직 후 하나같이 '현직에 있을 때 직원들을 잘 대해 줄 것'이라고 후회한다. 직급으로 쌓은 관계보다는 인간관계로 쌓은 관계가 오래간다. 직위로만 관계를 맺는 사람은 자리에서 내려오면 남는 것이 없다.

과거의 타성에 젖은 조직 문화는 혁신의 장애요인으로 작용하고, 이러한 상황에서 잘못 처방된 '위기론'은 실제 부메랑이 되어 파산에 이른 경우도 허다했다.

한 CEO의 이야기다.

"회사가 잘되고 있었지만, 직원들이 긴장감을 가지고 있지 않아 늘 어렵다는 말을 했어요. 회사 물품 아껴 쓰라는 잔소리도 수시로 했고, 거의 매일 팀장들 깨는 것이 '일상다반사'였어요. 그들이 일을 제대로 하지 않는 것이 느껴졌거든요. 결국 회사가 도산하고, 직원들이 떠나고 남는 것이 하나도 없을 때 내 잘못을 깨달았어요."

리더가 권위를 내세우는 것은 조직에 긴장감을 주는 것처럼 보이지만 일하는 분위기만 좋지 않게 될 뿐 효과성이 떨어진다. 조직 상하 간에 소통이 이루어지지 않기에 의사결정 과정에서 불협화음이 발생해 일이 제대로 되지 않는다.

한 회사의 이야기다. A부장과 B팀장은 입사 동기였다. A가 발령받고 보니 B팀장이 제대로 업무를 수행하지 못하고 있었다. A부장은 B팀장이 자신과 동기인 데다 자신보다 나이가 많아 부담이 많이 되었다. 문제는 다른 직원들과 함께 있을 때 B팀장이 A부장에게 지나치게 편하게 얘기했다. 때로는 반말을 섞어 얘기하기도 했다. 조직 체계가 바로 서지 않았다.

이대로 됐다가는 조직 분위기를 망칠 것이 자명했다. 어느 날, A부장은 B팀장 아래에서 일하는 고참 직원인 C를 질책했다. 순전히 B팀장에게 보여 주기 위해서였다.

직원 C는 A부장의 입장을 이해하지만 자신을 혼내는 상황이 이해되지 않았다. C는 의기소침해졌고, A부장과 거리를 두기 시작했다. 꼭 분위기를 잡아야 한다면 A부장이 솔직하게 C에게 양해를 구하고 연출하듯이 했다면 어땠을까? 아니 이보다는 A부장이 B팀장과 면담하여 잘못된 사항을 고치도록 요청하는 것이 좋았을 것이다.

가장 좋은 방법은 명확한 자료와 근거로 조직에 긴장감을 불어 넣는 방법이다. 이때 조직 구성원들이 이를 받아들이면 금상첨화겠지만 의도적으로 무시하는 분위기라면 공식적인 회의시간을 통해 위기를 조장하여야 한다. 위기를 조장하는 방법은 철저히 전략적이어야 한다.

조직에 긴장감을 불러일으킬 상황이 아닌데도 매번 이를 사용하면 구성원의 피로가 누적되어 사기만 떨어질 뿐이다. 오히려 역효과만 발생한다.

문제를 해결하는 방안

흥분한다고 문제가 해결되지 않는다.
화낸다고 일이 해결되지 않는다.
지금 필요한 것은 문제를 해결하는 것이다.
예의를 갖추지 않으면
사람 때문에 문제가 더 얽히게 된다.
이제는 사람과의 갈등을 해결해야 한다.
문제를 푸는 시간이 더 걸리게 되는 것이다.
문제의 내용보다 해결하는 방식이
더 중요하게 되는 경우가 많다.

어느 항로를 향해
방향키를 돌려야 하는지 모른다면
그 어떤 바람도 도움이 되지 않는다.

– 세네카

상대방에게 한 걸음 다가가면
더 잘 듣게 된다

처음부터 끝까지 자기 말만 하려는 사람이 있다. 그리고 자기 입장만을 관철하려고 한다. 자신의 의견을 들어주지 않으면 '죽는다'는 협박까지 한다. 정말 난감하다. 이런 경우 사무실 분위기가 싸해져 직원들의 표정이 좋지 않게 된다. 조금만 상대방의 입장에 서면 극단적인 대화까지 가지 않을 수 있다.

계약이란 상대방이 있기 때문에 갑과 을이 존재한다. 같은 품목을 생산하는 기업들은 계약 상대방인 을이 되려고 입찰에 도전한다. 입찰 과정에서 잠재적 을 간의 분쟁이 발생해 서로 얼굴을 붉히는 경우도 많다. 개찰 결과 한 업체를 제외한 나머지는 을이 되지 못한다. 계약 과정에서 문제가 발생하거나 납품 제품에 하자가 있으면 '을'인 계약 상대자도 제재를 받아야 하는 경우가 발생하기도 한다.

이러한 과정에 '대화'가 반드시 있어야 한다. 대화 과정에서 경청은 매우 효과적인 커뮤니케이션 수단이다. 특히 갈등이 심한 상황인 경우 경청은 더더욱 중요하다. 상대방이 제대로 자기 이야기를 듣고 있지 않다고 생각되면 당사자는 더욱 분노를 터트린다. 자신의 얘기를 끝까지 들어주고 공감해 주는 것만으로 적대적으로 대했던 상대방이 누그러뜨려진 경우도 많다.

경청(傾聽)한다는 것은 상대의 말을 단순히 듣기만 하는 것이 아니라 상대방이 전달하고자 하는 말의 내용은 물론, 그 내면에 깔려 있는 동기나 정서에 귀를 기울여 듣고 이해된 바를 상대방에게 반응해 주는 것을 말한다.

원활한 대화를 위해서 대화 도중 '적당한 맞장구'도 쳐 주는 것이 좋다. 경청은 몸뿐만 아니라 마음도 상대방에게 다가가 듣는 것을 의미한다. 이와 반대로 몸을 뒤로 젖히거나 팔짱 끼고 얘기를 하는 것은 상대에게 지극히 방어적인 태도로 대화에 임하는 것이다. 이런 경우 더 심한 언쟁만 하게 될 뿐이다.

운명을 바꾸는 방법

전략을 세우지 않고 목표에 도달할 수 없다.
자신을 구속하는 존재는 오직 자신뿐이다.
스스로 만든 장벽은 여간해서 극복하기가 쉽지 않다.
생각은 자유롭다.
자유로운 생각만이 운명의 방향을 바꿀 수 있다.

걱정은 출처가 무엇이건 간에
우리를 약화시키는 것이요,
용기를 앗아가는 것이요,
그리고 인생을 단축시키는 것이다.

– 존 랭카스터 스팔딩

말투가
운명을 만든다

말을 잘 사용해야 한다. 사람에 따라 긍정적인 말을 하기도, 부정적으로 말을 하기도 한다. 칭찬은 고래를 춤추게도 하지만 무심코 던진 말에 사람이 상처를 받아 병들게도 한다. 말에는 씨가 있고 뼈가 들어가 있으며 심지어 독(毒)도 들어 있다. 잘못하면 사람을 죽이기까지 하니 말이다.

얼마 전에 인터넷 '악성 댓글'로 여자 연예인이 자살했다. 참 이상한 일이다. 1994년부터 2004년까지 방영되어 전 세계적으로 많은 사랑을 받았던 드라마 「프렌즈」에서 레이첼 역을 맡았던 제니퍼 애니스톤은 드라마에서뿐만 아니라 평소에도 노브라 차림이었다. 너무나도 자연스러워 보였다. 그런데 20년이 지난 한국에서 '노브라' 논란이 발생하고 있으니 황당한 일이다. 그렇다고 한국이 그렇게 보수적인 나라도 아니다.

태조 이성계와 무학대사에 대한 일화다. 어느 날 이성계가 무학대사에게 농담을 했다.

"대사, 대사가 꼭 돼지같이 보입니다."

무학대사가 껄껄 웃으며 말했다.

"소승이 보기에는 장군은 부처로 보입니다."

"아니 대사님, 나는 돼지라고 했는데, 나를 보고 부처로 보인다니요?"

"원래 돼지의 눈에는 돼지만 보이고, 부처의 눈에는 부처님만 보이는 법이지요"

이성계는 순간 무안해졌다. 도둑의 눈에는 도둑만 보이는 격이다.

하루 종일 악플을 다는 사람들은 불행한 사람들이다. 왜냐하면 매사 부정적인 것만 보이니 부정적인 생각에 휩싸여 악성 댓글을 다는 것이다. 뭐든 긍정적으로 생각하자. 다른 사람들의 시각 때문에 소중한 자신의 삶에 부정적 영향을 끼치면 절대 안 된다.

말을 아무렇게나 하는 사람이 있다. 절대 그러면 안 된다. 어떤 이는 자기감정을 다스리지 못해 자기 자신뿐만 아니라 주위 사람들도 힘들게 한다. 감정은 하수구처럼 배출해야만 해소되는 것이 아니다. 절제와 통제력을 가지지 못했다면 자기 절제와 통제력을 기르는 훈련을 해야 한다. 늘 감정의 소용돌이에 허우적거리며 세상을 살아가면 중심을 잃고 다칠 수 있다.

보통 사람들의 경우 화가 나는 가장 큰 원인 중 하나는 '무시당한다'는 감정이 들 때다. 사소한 감정이 쌓여 분노가 폭발하는 경우가 대다수이다. 화를 잘 통제해야 한다. 이런 인내의 경험들이 쌓이며 강한 의지력과 자기 통제력을 갖게 될 것이다. 나뿐만 아니라 상대에게까지 피해를 주는 화를 어떻게 다스릴 수 있을까?

첫째, 자존감이 높은 사람이 되어야 한다. 자존감이 높은 사람들은 외부 자극에 의해 영향을 잘 받지 않는다. 자존감이 낮은 사람일수록 조그만 것에도 부정적인 의미를 부여한다. 이런 것들이 쌓여 결국 분노로 표출된다. 자존감이 높은 사람들은 절망적인 상황에 닥쳐도 '회복탄력성'이 높아 좌절하지 않고 다시 재기하는 경우가 많다.

둘째, 화를 낸 후 상황이 달라지지 않는다는 것을 이해하는 것이다. '참을 인(忍) 자 셋이면 살인도 면한다.'는 말이 있다. 참을 인(忍) 자는 칼(刀)과 마음(心)이 합하여 만들어진 글자다. 칼 밑에 심장이 있다. 심장이 화를 참지 못하고 일어서서 화를 내면 칼에 마음이 다칠 수 있다. 심지어 누군가가 죽을 수도 있다. 그래서 화가 나면 참을 인 자를 새기며 화를 참아야 하는 것이다.

자기 절제력을 제대로 사용하지 못하면 힘든 상황을 겪을 때

이를 극복하지 못하거나 심한 경우 좌절하거나 절망감에 빠지게 된다. 매일 홧김에 저지른 일이 대참사가 된 뉴스를 우리는 많이 보고 있다. 감당할 수 없을 정도의 상황이라도 마음속으로 참을 인 자를 새기면 실제로 올라오던 화가 누그러진다.

셋째, 마음에 화가 훅 올라올 때는 무조건 멈추어야 한다. 빨간 신호등에서 일단 정지하듯 모든 것을 멈추어야 한다. 상대가 화가 났을 때도 그대로 멈추어야 한다. 나의 감정을 알고 상대의 감정을 알면서도 그대로 내달리면 사고 날 확률이 매우 높기 때문이다. 마치 화약을 매고 불구덩이에 뛰어드는 격이다.

『대학(大學)』에서는 멈춤(止)의 필요성에 대해 이렇게 말했다.
"멈출 줄 안 뒤에야 차분해지고, 차분해진 뒤에야 고요할 수 있고, 고요해진 뒤에야 편안할 수 있고, 편안해진 뒤에야 제대로 생각하고, 제대로 생각한 뒤에야 깨달을 수 있다."
지지이후유정(知止而后有定) 정이후능정(定而后能靜) 정이후능안(靜而后能安) 안이후능려(安而后能慮) 려이후능득(慮而后能得)

조금만 기다리면 마음이 고요해질 것이다. 하루 5분이라도 명상의 시간을 갖자. 자신의 호흡에 집중하며 명상을 규칙적으로 하는 것으로도 화를 조절하는 데 큰 도움이 된다.

걱정할 필요 없다

생각을 끝냈으면 주저할 필요 없다.
망설일 필요 없다. 걱정할 필요 없다.
걱정한다고 해결될 일은 하나도 없다.
지나고 나면 아무것도 아니다.

비꼬는 것은 부드러운 말로도 하지 말고,
비웃음은 마귀에게라도 보이지 마라.

– 바첼 린지

수평적 조직 구조로
속도 경영을 가속화하라

수직적 조직 문화를 바꾸기 위해 많은 기업이 노력하고 있다. 2017년 삼성은 사원·대리·과장·차장·부장의 5단계 직급을 '프로'로 바꾸어 직급을 단순화하였다. LG는 사원·대리·과장·차장·부장의 직급을 '사원·선임·책임'으로 간소화하였다. 한국을 대표하는 기업인 삼성과 LG가 조직을 수평적으로 전환하고 있는 것이다. 2019년 보수적인 조직 문화를 가지고 있다고 평가받는 현대차 또한 직급을 매니저와 책임매니저, 임원으로 간소화했다.

SK는 한 발 더 나아가 임원 직급까지 없앴다. 상무·전무·부사장이라는 위계질서를 폐지한 것이다. 임원들은 모두 같은 직급으로 간주되며 호칭도 본부장·실장 등 직책으로만 부르게 됐다. 직급 파괴가 직원뿐 아니라 임원까지 확대되는 것이다.

삼성과 LG 등 대기업이 직급체계를 바꾸자 이에 맞추어 많은 중소기업들이 따라 하고 있다. 계층적 조직의 문제를 개선하기 위해 많은 기업이 직급을 파괴하고 있는데, 종전 직급으로는 상사와 부하직원의 위계서열 등에 의한 소통의 장벽을 부수기가 쉽지 않기 때문이다. 직원들 간의 원활한 소통과 신속한 의사결정을 위해 조직 문화를 수평적으로 바꾸고 있다. 이는 사내 인재들의 능력을 최대한 이끌어내기 위해 조직 구조를 혁신하여 시장에서 살아남기 위한 불가피한 선택인 것이다.

K는 중소기업 H사에서 최연소로 이사를 달았다. 그가 입사했을 때 H사는 사장과 함께 창업한 초창기 멤버가 많았다. 그는 입사 초기부터 조직이 역동적으로 움직일 수 있도록 하는 시스템을 만드는 부분에 관심을 가졌다.

"제가 회사에 입사했을 때 우리 회사는 삼성이나 LG 등 대기업처럼 시스템을 갖추지 못하고, 체계 없이 운영되는 부분이 많았어요. 사장님과 함께 창업한 분들은 약간 주먹구구식으로 일을 처리하고 있었어요."

그는 "회사 시스템을 바꾸기 위해 TF팀을 만들 것을 사장님께 건의했는데 이를 받아주셨고, 저한테 일임해 주셨어요. 감사하게도 내 위에 차장, 부장, 이사 등 창립 멤버들도 따라 줘 그렇게 마음고생을 하지 않았어요. 결과가 좋지 않았으면 회사도 어려워지고, 저 또한 타격을 입었을 텐데, 결과가 잘 나와 운이 좋았어요."
라며 겸손하게 말한다.

삼성전자의 P프로는 다음과 같이 말한다.

"부장님이라고 부르다 갑자기 프로님이라고 부르라고 하니 처
음에는 매우 어색했어요. 시행한 지 2년이 지나고, 교육을 받고
들어온 신입사원들이 프로라고 부르기 시작하면서 정착되기 시
작한 것 같아요. 나도 처음에는 다른 부서의 담당과 협의를 할 때
직급을 먼저 봤어요. 이 친구는 나보다 직급이 낮구나라고 생각
하며 편하게 얘기하고 그랬는데, 지금은 나이와 상관없이 존중하
며 상대방이 그 분야의 프로라고 생각하며 일하고 있습니다."

내부 인트라넷에는 프로라는 표시만 있기 때문에 사원인지, 과
장인지, 부장인지 알 수 없다. 예전에는 다른 부서의 직원과 협의
를 할 때 부장이 사원에게 반말을 하기도 했는데, 지금은 직급 표
시가 없기 때문에 서로 간에 전문가적인 입장에서 협의를 한다.

호봉은 계속 올라가는 것이기 때문에 임금이 달라진 것은 아니
다. 경력 개발을 얼마나 잘하느냐에 따라 임원이 될 수도 있다. 삼
성전자 한국총괄에서는 직급 파괴 제도가 조기에 정착될 수 있도
록 리스펙트 캠페인을 펼치고 있다. 삼성전자 조직을 다시(Re) 한
번 살펴보고(SPECT) 서로 존중(Respect)하는 조직 문화로 만들겠
다는 의도다.

S	동료의 업무 몰입 시간을 존중해 주세요.
Smart	• 개인 업무 몰입을 위해 10시 이전, 16시 이후 회의 지양 • 몰입하여 일하고 먼저 퇴근하는 동료 눈치주지 않기 　(형식적인 출·퇴근 인사를 위해 기다리지 않기)
P	동료의 사생활을 존중해 주세요.
Privacy	• 휴가/주말/심야/퇴근 이후 전화 및 메시지 연락 지양 　(단. 긴급 업무 발생 시 서로를 배려하고 도와주세요.)
E	우리는 모두 동등한 프로입니다.
Equality	• 부장. 차장. 과장. 대리 호칭은 이제 모두 '프로'로! • 업무를 후배에게 미루거나 보고를 선배에게 미루지 않기
C	부서/개인 이기주의는 이제 그만, 함께 일해요.
Co-work	• 업무 노하우는 선/후배 및 동료와 공유하여 효율을 높여 주세요. • 부서간 이해관계 상충 시 서로의 입장을 존중해 주세요.
T	Re:SPECT 캠페인은 정착되는 그날까지 계속
To be Continued	• 1회성 아닌 지속 운영으로 효율적인 조직 문화 정착 추진

　일부 IT 기업에서는 직급에 상관없이 말단 직원부터 사장까지 서로가 '반말'을 사용하는 회사도 있다. 에드워드, 케빈 등 영어 이름을 사용함으로써 나이와 직급에 관계없이 직원들끼리 서로 반말로 소통하는 것이다. 시시각각 변화하는 IT 업계의 특성상 효율적인 의사소통이 필수적이란 판단 때문이다.

　많은 기업에서 부서장 직책을 없애는 등 부서의 경계를 허물고, 유기적으로 협업하는 애자일(Agile) 조직을 도입하고 있다. 직급 간소화와 의사결정의 현장 위임 등으로 '속도 경영'이 확산되고 있는 것이다. 수평적이고 유연한 조직 구조가 아니면 급변하는 환경에서 살아남을 수 없게 된 것이다.

내가 좋아하는 말 중 하나가 후생가외(後生可畏)다. '뒤에 난 사람은 두려워할 만하다.'는 뜻으로 후배가 선배를 능가할 수 있음을 이르는 말이다. 이 말은 '새로운 문화 또는 트렌드를 준비하고 따라가지 않으면 도태될 수 있음을 경계하는 말'이기도 하다.

지금까지 잘해 왔다고 자만에 빠지거나, 후배라고 해서 무조건 반말하고 낮추어 생각하는 것은 참으로 어리석은 일이다. 언제 어떻게 상황이 달라질지 모른다. 우리는 항상 같은 자리에 머무는 것이 아니다. 세월이 흐르듯이 그렇게 사람도 시간과 같이 흘러간다. 그렇기에 앞서가는 자는 겸손해야 하며, 뒤에 오는 자를 존중하고 마음으로 받아들여야 한다.

한 중소기업에 근무하고 있는 K는 나이 어린 선배 P 때문에 정말 괴롭다. 친하지도 않는데 반말로 지시하기 때문이다. 선배는 입사 3년 차이고 그녀는 입사한 지 얼마 되지 않았다. "K씨 이거 가져와 봐!", "이것 하라는데 했어? 일을 너무 못한다!" K는 너무 괴로워 회사를 그만 두고 싶다.

1년 후 두 사람은 다른 부서로 발령이 났고, 5년의 세월이 흘러 K의 직급이 P보다 더 높아졌다. 그리고 같은 부서에 발령이 났다. 두 사람의 관계는 어떻게 될까? 세상사 모를 일이다.

아름다운 세상에서 사는 방법

세상을 부정적인 눈으로 보면
부정적인 결과를 낳는다.
긍정적인 시야로 세상을 바라보면
아름다운 세상이 열린다.
오늘을 즐겁게 하고 세상 살 만한 곳으로
만드는 것은 언제나 희망이다.

이 세상에서 가장 되기 쉬운 사람은
바로 자기 자신이다.
이 세상에서 가장 되기 힘든 사람은
바로 남들이 바라는 자기 자신이다.
그 누구도 당신을 좌지우지하게 하지 마라.

– 레오 버스카글리아

신뢰 없이
함께 할 수 없다

우리는 믿음 없이는 단 하루도 살 수 없는 시대에 살고 있다. 특히 신뢰를 필요로 하는 거래 관계에서는 더욱 그러하다. 판매자와 소비자, 제조사와 공급자, 사장과 직원 등 관계에 있어 신뢰가 바탕이 되지 않으면 그곳의 참여자들은 스트레스와 긴장 관계로 하루하루 피를 말리며 살게 될 것이다.

"물건을 납품했는데 거래처에서 대금을 지급하지 않으면 어떡하지?"

"납품받은 제품의 품질이 엉망인데 어떡하지?"

"아무리 일을 열심히 해도 사장이 알아주지 않고, 월급도 제대로 주지 않는데 어떡하지?"

"자리만 비우면 직원들이 일을 안 하고, 잡담하며 놀고 있는데 어떡하지?"

부부 사이에 배우자의 부정이 발생하면 신뢰가 무너져 부부 관계는 이미 끝난 것과 같다. 아무리 부정을 저지른 상대방을 이해하려는 마음을 가지려 해도 상처받은 배우자는 완전히 용서하고 관계를 회복하기까지 불면과 고통의 시간을 보내야 한다.

이렇듯 사람 사이의 신뢰가 무너지면 세상을 살아가는 것이 정말 어려워진다. 관리자와 직원, 동료들 사이의 신뢰가 형성되어 있지 않다면 함께 일하는 시간은 매우 고통스런 시간이 될 것이다. 그렇기에 직장 내 '뒷담화'와 '사내정치' 등은 매우 좋지 않다. 효율성과 생산성을 내야 유지될 수 있는 조직과 기관은 비능률과 낭비가 가득 차 결국에는 파국을 맞이하게 된다.

한 직원이 같이 근무하는 선배를 믿지 못한다고 말한다. 왜냐하면 자신과 이야기를 나눌 때는 분명히 A를 주장했는데, 과장이 B를 말하니 순식간에 B로 입장을 바꾼다는 것이다. 한두 번이 아니라고 했다. 그렇게 되니 그에 대한 신뢰를 잃게 되었다.

조그만 기업에 다니던 친구 여동생의 이야기다. 어느 날 아침, 사장이 불러 차를 마셨다. 사장은 카톡으로 업무 지시도 할 수 있으니 그녀가 스마트폰을 사는 것이 좋겠다고 말했다. 당시 스마트폰이 비쌀 때라 부담스러웠던 그녀는 다음과 같이 말했다.

"사장님, 스마트폰이 비싸서 아직은 부담스러워요. 남자 직원들처럼 회사에서 보조해 주면 스마트폰 사는 걸 고려해 볼게요."

그녀는 웃으며 답변했다. 그런데 그날 사장은 직원 회의시간에 또 스마트폰 구매를 강요하듯 물었다.

"생각해 볼게요"

"똑바로 얘기해! 살 거야 말 거야?"

사장은 스마트폰 비용을 보조해 준다는 말은 하지 않으면서 화를 내며 스마트폰 구매 여부를 계속 묻는 것이었다. 그녀는 화가 나 다음과 같이 답했다.

"안 살 건데요."

"그러면, 회사 그만 둬!"

"네, 알았어요. 사장님이 저를 해고하시는 거죠? 오늘 날짜로 회사를 그만 두겠습니다."

"그래, 그만 둬!"

그녀는 잘못한 것도 없는데 사장이 소리를 지르며 야단치는 상황이 전혀 이해되지 않았다.

1시간 뒤에 사장이 그녀를 호출했다.

"김 과장, 미안해! 내가 잘못했다. 미안하다."

"됐어요, 사장님이 던진 돌에 개구리는 맞아 죽었어요."

그날 사장은 동남아로 출장을 가는 날이었다. 그는 공항으로 가기 전에도 여러 번 사과하며 그녀의 사직을 만류했다. 그리고 현지에 가서도 전화를 걸어 사과했다.

그런데 그녀가 회사를 그만 둘 수밖에 없는 결정적인 이유는 따로 있었다. 사장에 대한 불신 때문이었다. 사장이 구인 사이트에 구인 공고를 올린 후 그녀에게 사과한 것을 알게 된 것이다. 사장은 그가 올린 구인 공고에 대한 확인 메시지가 전 직원이 공유하는 회사 대표 메일로 온다는 것을 몰랐던 것이다.

"그래 놓고 나한테 사과하는데, 어떻게 사장님을 신뢰하고 일을 할 수 있겠어요?"

우여곡절 끝에 그녀는 일주일 후 회사를 그만 두었다. 그 후 동료로부터 "I사장이 직원들의 의견을 묵살한 무리한 투자로 도산했다."는 소식을 들었다.

스티브 잡스가 존경했던 기업인 중 한 명인 빌 휴렛은 미국 스탠퍼드 대학교와 MIT를 졸업한 후 데이비드 팩커드와 함께 휴렛팩커드(HP)를 공동 창업하였다. 이 둘은 차고에서 단돈 538달러로 창업하였다. 휴렛팩커드는 미국 실리콘밸리에 안착한 기업의 시조로 꼽히며 세계 벤처 기업 1호로 불린다.

HP를 설립한 지 몇 년 되지 않은 어느 주말, 빌 휴렛은 연장을 가지러 회사 창고에 들어갔다가 창고가 잠겨 있는 것을 발견했다. 회사에서 직원들이 부품을 훔쳐 가는 것을 막기 위해 창고 문을 잠근 것이다. 창고가 잠겨 있는 것에 화가 난 그는 자물쇠를 부쉈다. 그리고 그는 그 자리에 다음과 같이 표지판을 붙였다.

'HP는 직원들을 신뢰합니다.'

그날 이후 열린 창고는 직원들의 신뢰와 충성심, 창의력을 고취하는 상징이 되었다.

빌 휴렛은 이러한 '신뢰'를 기반으로 한국에서 어렵다는 '동업'에 성공하였고, 그들이 창업한 HP를 세계적인 기업으로 만들었다. 또한 스티브 잡스와 같은 젊은 청년들에게 긍정적인 영감을 주어 그가 창업한 도시인 실리콘밸리를 첨단 벤처 기업의 메카로 만들었다.

대부분 중소기업은 인력과 자금이 부족하다는 이유로 마땅히 수행되어야 할 일들에 대한 관리가 전혀 되지 않는 경우가 많다. 주먹구구식 경영으로 '시스템에 의한 경영'은 상상하기 어렵다. 더욱 심각한 문제는 '중소기업은 어쩔 수 없지 않냐?'는 사고와 패배주의가 만연하다는 것이다.

중소기업 A사는 이러한 문화를 깨기 위해 모든 임직원이 하는 업무에 대해 진행사항을 기록하는 ERP 시스템을 구축했다. 임직원들은 자신의 업무를 내부 그룹웨어에 하나부터 열까지 모두 등록해야 한다. 사장은 직원들이 자신의 업무를 단 하나도 놓치지 않기 위한 불가피한 조치라고 했다. 직원들은 시시콜콜한 업무까지 모두 등록해야 해 불만이 컸다. 지나친 업무 통제는 직원들의 창의성을 제한하는 것으로 보였다.

"환경 변화에 따라 새로 발생되는 업무에 대하여 직원들이 자발적으로 찾아서 일을 할 수 있는 여유가 있을까?" 하는 의문이 생겼다. 지나치면 부족함만 못하다. 직원들이 일을 놓치지 않을까 하는 우려와 의심이 지나쳐 쓸데없는 일을 양산하는 것이 아닌가 하는 생각이 들었다. 번거로운 절차와 격식은 창의성을 좀먹는다. 지나친 생략은 알맹이 빠진 내용만 내놓을 수 있다. 양쪽의 생각을 조정하고 결론을 내는 것은 정말 어려운 일이다.

부하 직원과 상사, 동료와 동료, 원청회사와 하도급 회사의 신뢰 없이는 아무것도 함께 할 수 없다. 믿지 못하는 관계에서 상대방에 대한 불안감은 단 하루도 그 무거운 사업의 무게를 견딜 수 없게 한다. 이처럼 실생활에서 '신뢰'는 무척 중요한 것이다. 그래서 S사는 사훈을 '신뢰'로 정했다.

"신뢰할 수 있는 사람이 신뢰할 수 있는 회사를 만들고, 신뢰할 수 있는 회사가 신뢰할 수 있는 제품을 만듭니다."

또 다른 S사의 사훈이다.

"신뢰받는 제품을 생산하고 서비스를 공급하여 인류의 행복과 삶의 질 향상에 기여한다."

당신은 오늘 신뢰를 얻는 삶을 살았는지, 아니면 신뢰를 잃는 삶을 살았는지 되돌아보아야 한다. 신뢰를 잃었다면 그것을 회복하는 데 10배의 노력이 필요하다.

세상에서 가장 중요한 사람

세상에서 가장 중요한 사람은
부모도, 형제도, 자녀도 아니다.
바로 자신이다.
세상을 사는 이유는
누구 때문이 아니라
오로지 자신이어야 한다.

사람들이 저지르는
가장 흔하고 심각한 실수는
할 수 있는 일이 별로 없다며
아무런 행동도 하지 않는 것이다.
스스로를 믿고 행동하라.

– 시드니 스미스

고객은 가족이 아니다

한 식당 주인은 늘 직원들에게 '고객을 가족처럼' 대하라고 당부하고 있다. 가족이 먹는 음식처럼 고객에게 정성을 다해 만들어 대접하고 친근하게 대하라는 뜻이다. 그러나 이것은 잘못된 생각이다.

고객은 가족이 아니다. 언제라도 변심할 수 있는 존재다. 가족은 맛이 없어도 다시 찾지만 고객은 실망하면 다시 찾지 않는다. 고객의 마음을 사로잡기가 쉽지 않다. 그만큼 고객은 무서운 존재다.

고객의 보이지 않는 목소리에 항상 귀를 기울이고, 이를 맞추는 데 '비즈니스 사명'이 있다. 이것을 망각하고 물건을 팔아 돈을 버는 데만 치중한다면 고객은 변심하고 다시는 찾지 않을 것이다.

"고객에게 어떻게 다가갈 것인가?"

"고객에게 무엇이 필요할까?"

"고객이 바라는 가치가 무엇일까?"

고객이 원하는 것이 무엇인지를 미리 알아내고 요구하기 전에 신속하고 정확하게 전달해야 한다. 고객이 만족하는 상품과 서비스를 제공하는 것이 자신의 사명이라 생각하고 사업을 해야 한다. 이렇게 하다 보면 당연히 돈이 따라오게 되어 있다.

자수성가한 사람치고 처음부터 돈을 많이 들여 성공한 사업은 없다. 그러나 경비절감을 위해 지나치게 '저비용'을 추구하다 보면 품질 저하를 초래하거나 품질이 떨어져 고객 이탈을 부를 수 있다.

그래서 '이익을 조금 남기되 많이 파는 전략'을 추구하는 사업도 있고, '품질을 높이면서도 더 많은 이익'을 추구하는 비즈니스도 있다. 어떤 전략을 가지고 갈 것인지는 당신의 선택에 달려 있다.

보이지 않는 관계

세상은 보이지 않는 관계들로
촘촘하게 이어져 있다.
아무런 관계도 맺지 않고
세상을 살 수 있는 사람은
아무도 없다.
보이지 않는 관계 속에서
말과 행동이 얼마나 큰 결과를
가져오는지 우리는 매일 배운다.

인생은 흘러가는 것이 아니라 채워지는 것이다.
우리는 하루하루를 보내는 것이 아니라
내가 가진 무엇으로 채워 가는 것이다.

– 존 러스킨

고객 만족 경영은
내부 고객 만족이 출발점이다

자주 만나는 후배가 있다. 그 친구는 아직 자동차 운전면허증이 없다. 그는 직장 생활을 시작한 이후 늘 듣는 얘기가 "면허도 안 따고 지금까지 뭐했냐?"라고 한다. 어느 날 그는 주변 사람들에게 자동차 운전면허증을 따겠다고 공언했다.

오랜만에 만난 그에게 "운전면허 학원을 다니고 있냐?"고 물었다.

"필기시험, 학원비, 기능 연습 등을 알아보려고 한 달 전 K학원에 문의전화를 했어요. 그런데 전화를 받은 여직원이 매우 불친절했어요. 인터넷에 나와 있지 않습니까? 홈페이지에 나와 있지 않습니까? 그러지 뭐예요. 너무 화가 나 조금 멀어도 다른 학원을 알아볼까 생각 중이에요."

계속해서 말을 이었다.

"고객에게 불친절한 걸로 봐서 학원장 딸 아닐까요?

"딸이면 그렇게 안 하지!"

그의 농담에 나는 웃으며 말했다.

직원 한 명이 고객이 찾아오게 할 수도, 다시 오고 싶지 않게 할 수도 있다. 오랫동안 잘되는 회사는 분위기가 밝고 직원들 간의 관계도 좋다. 사장이 매사에 의욕이 넘치고 적극적이면 직원들도 열정적이다. 직원이 긍정적이고 에너지가 넘치면 사장도 적극적이다. 서로가 서로에게 영향을 미친다. CEO의 의지에 따라 회사 분위기가 좌우되는 경향이 많다.

고객들은 열심히 일하는 직원의 모습에서 감동을 받는다. 식당 등을 비롯한 서비스 업종의 경우 서비스를 제공하는 직원이 다른 고객에게 정성을 다하거나 청소를 하는 등 분주하게 일하는 모습에서 긍정적인 영향을 받는다. 고객이 필요한 부분을 세심하게 챙겨 주는 모습은 고객에게 좋은 이미지로 다가온다.

기업 경영인에게 가장 큰 고객은 당연히 자신의 사업체에서 생산하는 제품과 서비스를 구입하는 소비자들이다. 이러한 이유로 고객 감동 경영, 고객 중시 마케팅 등 물건과 서비스를 구매하는 고객에 대한 서비스만 중요하게 여길 뿐 직원들에 대한 처우는 매우 열악한 회사들이 있다. 이는 고객을 너무 근시안적으로 생각하는 것이다.

고객에게 불친절한 직원이 있는 회사는 내부 고객에 대한 대우가 좋지 못할 가능성이 많다. 소비자들에게 판매할 제품과 서비스를 아무리 잘 만들어 봐야 자신들에 대한 대우가 좋아지지 않는다고 믿는다면 어느 누가 열심히 일하겠는가? 제품과 서비스를 잘 만들어 소비자들에게 팔아 봐야 자신에게 돌아오지 않는다고 여기기 때문이다.

그렇다고 제대로 일하지 않고 불친절하기만 한 직원들이 행복할까? 나는 전혀 그렇지 않다고 생각한다. 웃는 얼굴로 인사하고 자신이 하는 일을 사랑하는 사람은 일에 대한 만족도와 성취도에서 월등히 앞선다. 이런 직원들이 많은 회사가 좋은 회사다.

고객의 개념을 생각해 보면, 조직 내의 나를 비롯해 상사·동료·부하는 물론 CEO까지를 내부 고객으로, 조직이 생산한 상품 또는 서비스를 소비하는 소비자를 외부 고객으로 나눌 수 있다. 단순히 제품이나 서비스의 최종 구매자가 고객이란 개념이었지만, 이제는 조직이나 기업의 활동에서 중요한 역할을 수행하는 모든 관련자로 고객의 개념이 확대되고 있다. 따라서 최종 소비자로서의 고객 이외에도 실제 상품을 생산하고 판매하는 직원들을 비롯하여 중간 도매상 등 유통업자 등도 고객의 범주에 속하게 된 것이다.

내부 고객이 고객 만족 경영의 출발점이 되며, 직원들이 고객으로서 가장 먼저 만족시켜야 할 대상이다. 자신의 회사에 불만족한 종업원들이 더 좋은 서비스를 최종 소비자들에게 만족시켜 다시 상품을 찾게 하기는 어렵다. 종업원을 고객으로 대우하고 만족시켜 사기를 진작하면 그들은 외부 고객에게 정성을 다할 것이다. 소비자들의 만족도가 낮은 조직이나 기업이 공통적으로 내부 고객 만족도가 낮다는 것은 바로 이 사실을 확인해 준다.

'고객들에게 최고의 서비스를 제공하려면 직원들부터 최고 수준으로 대우하여야 한다.'는 진리를 몸소 실천하고 있는 회사가 있다. '웨그먼스'라는 마트다.

이곳은 2017년 『포천』지가 선정한 미국에서 취업하고 싶은 회사 2위로 뽑힐 만큼 직원에 대한 대우와 복지가 매우 좋다. 놀라운 것은 직원들뿐만 아니라 미국인들이 가장 좋아하는 마트라는 사실이다. 이 기업의 어떤 점이 사람들의 마음을 움직였을까? 이 회사의 본사에는 다음과 같은 문구가 걸려 있다.

"Employees First, Customers Second(종업원 먼저, 고객은 다음)"

고객의 개념이 확대되면서 개인들도 자신을 고객 차원에서 바라보는 경향이 많아지고 있다. '무조건 아끼며 살자.'보다는 열심히 일한 '나를 위한 보상 시대'가 열리고 있다. 이렇듯 자신에 대한 적절한 보상을 하는 라이프스타일을 가진 사람들이 자기 만족도도 높고 행복한 삶을 산다.

하루를 투자하는 삶

하루를 소비하는 사람은
반드시 후회한다.
남은 게 없기 때문이다.
하루를 쓴다는 것은
투자하는 것이어야 한다.
가치 있고 보람 있는 것들로
하루가 가득 차게 될 때
삶이 행복해진다.

PART 5

문제와 해결책은
멀리 있지 않다

캄캄한 세계 속에 살고 있다고 생각해 본 적 없다.
내 마음속에 언제나 태양이 떠 있기 때문이다.

– 헬렌 켈러

크리스마스에
어린왕자를 만나다

세상에서 가장 어려운 일이 뭔지 아니?

흠. 글쎄요, 돈 버는 일? 밥 먹는 일?

세상에서 가장 어려운 일은

사람이 사람의 마음을 얻는 일이란다.

각각의 얼굴만큼 다양한 각양각색의 마음을.

순간에도 수만 가지의 생각이 떠오르는데

그 바람 같은 마음이 머물게 한다는 건

정말 어려운 거란다.

-『어린왕자』 중에서

이 구절은 『어린왕자』에 나오는 글로 알려져 있다. 그런데 『어린왕자』영문판에서는 아무리 찾아도 이 구절이 없었다. 어린왕자가 여행을 하며 만난 사람들 그 누구와도 이런 대화를 하지 않았다. 왜『어린왕자』에 나오는 구절로 알려졌을까? 마치 어린왕자와 여우의 대화처럼 느껴지기도 하고, 사업가와의 이야기처럼 느껴지기도 한다.

어찌됐든 바람 같은 사람의 마음을 머물게 한다는 건 정말 어려운 일이다.

『어린왕자』는 어른들을 위한 동화다. 어린 시절 읽었던『어린왕자』는 '별'이라는 다른 세계를 꿈꾸는 '판타지'였다. 어른이 되어『어린왕자』를 다시 읽으니 사람과 사람 사이의 '관계'에 대한 이야기가 가슴에 와 닿았다.

어린왕자가 네 번째 방문한 별에 사업가가 살고 있었다. 사업가는 아주 바쁜 사람이다. 사업가는 별을 소유하는 이유가 더 많은 별을 갖기 위해서라고 말한다.

"나로 말하자면, 중요한 일을 하는 사람이야. 내 인생에서 허황된 꿈으로 빈둥거릴 시간이 없단다."

"아, 별 말인가요?"

"그래, 그거야. 별들 말이야."

"별들로 무엇을 하는 거예요?"

"내가 그걸 가지고 뭘 하느냐고?"

"예."

"아무것도. 나는 별들을 소유하는 거야."

"별이 당신 것이라고요?"

"응."

"하지만 나는 왕을 본 적이 있는데…."

"왕은 소유하는 게 아니라 통치할 뿐이지. 그건 전혀 다른 문제지."

"아저씨는 별을 가져서 무엇을 할 건데요?"

"그것은 부자가 되도록 내게 도움을 주지."

마지막에 어린왕자는 이렇게 말한다.

"내게는 꽃이 있어요. 매일 물을 주고 있어요. 화산이 3개 있는데, 매주 그것들을 청소해요. 꺼진 화산도 청소를 해요. 어떻게 될지 모르니까요. 그것은 내가 소유하고 있는 꽃과 화산들에게 도움이 되죠. 그러나 당신은 별들한테 아무 쓸모가 없잖아요."

사업가는 입을 열었으나 할 말이 없었다. 어린왕자는 길을 떠났다.

"어른들은 정말로 이상해."

나는 이상하게 어린왕자와 스크루지 영감의 이야기가 연결되어 있다는 생각이 들었다.

「크리스마스 캐롤」은 찰스 디킨스가 1843년에 발표한 대표작

중 하나로 우리에게 스크루지 영감으로 잘 알려져 있다.

스크루지는 매우 신경질적이며 다른 사람에게 매우 인색한 사람이다. 산업혁명 이후 19세기 영국 사회를 배경으로 하고 있는데, 지금의 현실에 비추어 생각해 볼 만한 것이 많다. 스크루지 영감은 유령과 함께 자신의 과거, 현재, 미래를 본다. 그리고 과거 그 자신의 내면에 숨겨진 상처들과 대면한다.

사람들은 과거의 좋지 않은 경험으로부터 벗어나기 위한 방법으로 자신만의 세계에 빠져 이를 추구함으로써 보상받으려는 경향이 있다. 이러한 특성은 어려운 환경에서 자수성가한 사람에게 많이 보인다. 자신의 생각을 합리화하며 더욱 외곬으로 행동하는 경향이 많이 있다. 이처럼 스크루지 영감 또한 그의 유일한 목적이 돈을 모으는 것이었다.

꿈에서 깨어난 스크루지는 새로운 사람으로 다시 태어난다. 만약 그가 변하지 않았다면 그의 조수에게 비극적인 죽음을 맞이하였을 것이다. 이 점은 소설에서 극적인 장치였다. 그는 좋은 사람이 되었다. 사람들은 그의 기분 좋은 변화를 보고 웃었다.

「크리스마스 캐럴」은 당시 사람들에게 돈에 대한 의미를 깨닫게 해 준 매우 의미 있는 소설이다.

이러한 것을 깨닫게 해 준 현실 속의 거인이 있다. 바로 스티브 잡스다. 그는 병석에서 남긴 메시지는 우리의 심금을 울렸다.

"나는 사업에서 성공의 정점에 도달했다. 다른 사람들 눈에는 내 삶이 성공의 전형으로 보일 것이다. 그러나 나는 일을 떠나서는 기쁨을 거의 느끼지 못한다. 결과적으로, 부(富)는 단지 나에게 익숙한 삶의 일부일 뿐이다.

(중략)

우리는 운전수를 고용하여 차를 운전하게 할 수도 있고, 직원을 고용하여 우릴 위해 돈을 벌게 할 수도 있지만, 고용을 하더라도 다른 사람에게 병을 대신 앓도록 시킬 수는 없다.

물질은 잃어버리더라도 되찾을 수 있지만 절대 되찾을 수 없는 게 하나 있으니 바로 '삶'이다.

누구라도 수술실에 들어갈 즈음이면 진작 읽지 못해 후회하는 책 한 권이 있는데, 그 이름은 '건강한 삶 지침서'이다.

현재 당신이 인생의 어느 시점에 이르렀든지 상관없이 때가 되면 누구나 인생이란 무대의 막이 내리는 날을 맞게 되어 있다. 가족을 위한 사랑과 부부간의 사랑 그리고 이웃을 향한 사랑을 귀히 여겨라.

자신을 잘 돌보기 바란다. 이웃을 사랑하라."

지금 우리에게 필요한 것은 행복하고 건강한 삶이다. 여기에 돈도 있다면 행복한 삶을 살 수 있을 것 같다.

좋은 생각을 해야 하는 이유

밝은 생각을 하면 즐거운 일이 생긴다.
우울한 생각은 즐거운 기억을 잃게 한다.
좋은 생각을 해야 한다.
좋은 생각이 행복한 추억을 만들고
아름다운 추억은 오랫동안 기억에 남게 한다.

인생에서 가장 의미 없이 보낸 날은
웃지 않고 보낸 날이다.

– 에드워드 커밍스

이 또한
지나가리라

하루하루 사는 것이 버거운 사람이 많다. 미래를 꿈꾸는 것이 사치이고, 오늘을 사는 것이 너무나도 어려운 숙제다.

"지금 하는 일이 정말 벅찹니다. 오늘 하루도 무사히 지나갔으면 좋겠어요."

힘든 일을 경험하고 있는 사람에게 우리는 다음과 같이 위로의 말을 건넨다.

"이 또한 지나가리라."

어느 날, 이스라엘의 다윗 왕이 보석 세공사를 불러 지시했다.

"내가 항상 지니고 다닐 반지 하나를 만들라. 그 반지에 전쟁에서 승리했을 때도 교만하지 않고 겸손해질 수 있어야 하며, 견디기 힘든 절망 속에서도 낙담하지 않도록 희망과 용기를 주는 글귀를 새겨 넣어라."

이에 세공사는 몇 날 밤을 고민하다가 솔로몬 왕자에게 도움을 구하였다. 이때 건네준 왕자 솔로몬의 글귀가 '이 또한 지나가리라.'이다.

나는 사람이 파동 속의 존재라고 생각한다. 주식시장에서 주가의 변동이, 원자재 가격의 움직임이 그렇다. 생활 속의 감정 변화와 굴곡은 또 어떤가? 이러한 파동은 비탈과 골짜기, 정점으로 이루어져 있다. 단지 '위로 가느냐, 옆으로 가느냐, 아래로 향해 가느냐?'의 차이일 뿐이다. 이러한 원리를 백퍼센트 이해하기는 어렵다. 현실적으로 완벽한 예측이 불가능하며 확률적인 접근만이 가능할 뿐이다.

이러한 확률에 대하여 위험을 분산하여 장기간 투자할 수 있는 인내심만 가지고 있다면 누구나 부자가 될 수 있다. 지상의 모든 파동은 고점과 저점이 서로 교차한다. 그러나 대다수의 개미는 비이성적 판단으로 당초 계획한 대로 투자를 그대로 가져가지 못한다. 안타까운 일이다.

모든 존재하는 것은 일종의 에너지다. 긍정적인 생각을 하면 긍정적인 에너지가, 부정적인 생각을 하면 부정적인 에너지가 나온다. 생각이 행동으로, 행동이 습관으로 이어진다. 습관이 곧 운명을 만든다.

'오늘을 견디면 내일이 온다.'는 현실 도피성 격언보다는 영화 「죽은 시인의 사회」에서의 '카르페디엠'이 가슴에 훨씬 와 닿는다. 이것은 '현재를 즐겨라.'라는 의미이다.

지금 주어진 이 시간이 피하고 떠나보내야 할 순간이면 절대로 우리가 영위하는 삶에서 가치 있는 시간이 될 수 없다. 지금이 순간은 우리가 놓치지 말아야 할 너무나도 소중한 시간이어야 한다. 오늘과 미래는 단절된 것이 아니다. 어제와 오늘이 소비되어 내일이 된다. 우리는 누구나 똑같이 시간을 사용한다. 단지얼마나 가치 있게 시간을 쓰느냐에 따라 내일이 달라진다.

현재의 힘은 미래도 바꾸지만 과거도 바꾼다. 오늘을 사는 지금이 고달픔만 가득하면 과거는 그저 그런 의미로만 존재한다. 현재가 행복하고 아름다우면 과거는 자신에게 특별한 의미가 있는 시간으로 남는다. 현재가 미래에 대한 책임만 있는 것이 아니라 과거에 대한 책임까지도 감당하는 것이다. 현재를 알차고 의미 있는 시간으로 만들어 과거의 나까지도 행복한 나로 만들자.

웃음

거울을 보며 나를 본다.
웃는다.
웃는 것이 어렵다.
가까이 있는 사람을 웃게 한다.
그도 나를 웃게 한다.
하루 몇 번이나 웃어야 할까?
많을수록 좋다.

내면의 태도를 바꿈으로써
삶의 외면도 바꿀 수 있다.

– 윌리엄 제임스

철학 없는 부(富)가
위험한 이유

얼마 전 로또 1등에 당첨된 50대 A씨가 빚 문제로 다투던 친동생에게 칼부림한 사건이 있었다. 12억 원의 당첨금을 수령한 그는 가족들에게 수억 원의 금전을 나눠 줬다고 한다. 나머지 7억 원 가운데 일부를 투자해 식당을 시작했다.

그는 상당수 금액을 친구들에게 빌려 줬다가 받지 못했다. 돈을 빌려간 친구가 잠적하고 여기에 담보대출 이자를 못 내자 동생과 말다툼이 벌어졌고, 이 과정에서 우발적으로 동생을 살해한 것이다.

로또 당첨이 행운이 아니라 불행이 된 것이다. 이렇듯 일확천금을 얻어 불행해진 사례는 너무나도 많다.

계용묵 단편소설 「백치 아다다」는 우리에게 '돈은 인생에서 무엇인가?'라는 질문을 던져 준다.

처녀 아다다는 지참금을 가지고 시집을 갔다. 처음엔 시댁에서도 그녀를 예뻐했다. 그러나 조금씩 경제적 여유가 생기자 남편은 그녀를 폭행하기 시작했다. 그리고 남편은 투기로 떼돈을 벌자 첩을 들이고 그녀를 내쫓았다. 친정으로 돌아왔으나 그녀의 엄마 또한 그녀에게 나가서 죽으라는 말을 예사로 하며 손찌검을 했다.

아다다는 부모 형제도 없이 사는 30이 넘은 노총각 수롱이와 신미도라는 섬으로 도망을 쳤다. 수롱은 자신이 모은 돈을 그녀에게 보여 주며 밭을 사자고 하나 그녀는 반대를 한다. 전 남편도 돈이 생기면서 자신을 구박하고 결국에는 내쫓았기 때문이다. 그녀는 자신의 행복이 돈에 의해 깨질까 두려웠다. 그녀는 새벽에 몰래 나와 돈을 바다에 버린다. 뒤따라 나온 수롱이는 그녀를 사정없이 발길질했고, 그녀는 결국 물속으로 사라진다.

그녀의 전 남편도 '돈에 대한 철학'이 없었기 때문에 망나니가 되고, 그녀 또한 '돈이 나쁜 것'이라는 부정적인 인식 때문에 돈을 바다에 버린다. 수롱 또한 물질을 맹목적으로 추종하는 존재이기 때문에 결국 그녀를 죽이게 된다.

왜 일확천금에 당첨된 사람들 대다수가 불행해질까? 이것은 자신이 감당할 수 있는 부(富)가 아니기 때문이다. 사람들은 갑자기 큰돈이 생기면 엄청난 정신적 충격을 받는다. 자신의 통제 범위를 벗어난 돈을 감당하지 못하게 되는 것이다.

준비가 안 된 상태에서 부자가 되거나, 사업 등으로 갑자기 큰돈을 만진 경우에 자신뿐만 아니라 주위 사람들까지 불행하게 되는 경우가 많다. 돈을 어떻게 관리해야 하는지 배운 적이 없기 때문이다. 부나비처럼 모여드는 사람들은 모두 "한턱 쏴라."며 방탕을 부추기며 돈을 얻을 기회만 엿본다. 모두 자신에게 쩔쩔매는 것으로 느껴지니 안하무인으로 겸손하지 못하게 된다.

지위가 높아진 경우도 이와 같다. 아랫사람을 무시하고 함부로 대하게 된다. 이것은 철학의 부재를 넘어 인성의 문제로 연결된다. 일부 재벌2세의 '망나니짓'이 이러한 이유로 발생하는 것이다. 돈과 명예로 자신과 상대방의 지위를 매기기 때문에 자신보다 낮다고 생각하면 가차 없이 매몰차게 대한다. 이러한 이유로 철학 없이 부를 얻은 사람들이 타락하게 되는 것이다.

돈을 벌면 벌수록 겸손해야 한다. 지위가 올라가면 갈수록 자신을 낮추어야 한다. 절대 우쭐하거나 교만하지 않아야 한다. 부자라고, 가난하다고 바람에 흔들리는 마음을 가져서는 안 된다.

222

생각이 좋은 사람

생각이 좋은 사람을 만나야 한다.
닮아 가기 때문이다.
말과 행동에 생각이 나타난다.
말이 태도가 된다.
생각이 좋은 사람은 태도가 좋다.
당신은 태도가 좋은 사람이다.

햇볕이 내리쬐는 저 멀고 높은 곳에 야망이 있다.
거기에 도달할 수 없을지 모르지만,
고개를 들어 그 아름다움을 보고, 그것을 믿고,
그에 따르려 노력할 수는 있다.

– 루이자 메이 올컷

직장 문화 개선 없이
발전할 수 없다

한 설문조사에 따르면 직장인 5명 중 1명이 상사와 동료를 비롯한 인간관계 때문에 퇴사를 생각하는 것으로 나타났다. 퇴사를 고민한 끝에 실제로 퇴사한 25%의 직장인은 퇴사의 가장 결정적인 이유로 '상사와 대표(21%)'를 들었다. 인간관계 때문에 고민하고 퇴사하는 경우가 가장 많은 것이다. '조직 분위기'와 '복리후생 및 기타 근무여건'은 각 13%였다. 이처럼 직장인들은 인간관계 때문에 고통을 받고 있다.

직장 생활 3년차에 접어든 T씨는 이렇게 말한다.

"상사가 스트레스를 나한테 푼다. 사소한 것에 꼬투리를 잡는다. 견디기 힘들다."

2019년 7월에 '직장 내 괴롭힘 금지법'이 시행되었다. 직장 내 괴롭힘을 알게 된 경우 사용자에게 신고할 수 있고, 사용자는 신고를 접수하면 지체 없이 조사에 착수해야 한다.

중·고등학생 시절의 '왕따'와 같은 괴롭힘이 성인이 되어서도 직장 생활에서 벌어지고 있는 것이다. 안타까운 일이다. 직장 내 괴롭힘은 다양한 형태로 자행되는 것으로 보인다. 직장 폭력이 은밀하게 이루어지는 경우나 공개적인 장소에서 벌어지는 경우나 모두 피해자에게 악영향을 미친다.

K사를 사직하고 다른 회사로 이직한 A팀장이 나에게 편지를 보내 왔다. 사실 K사 B사장도 직장인 시절 당시 동료들의 시샘과 질투를 받다가 퇴직 후 창업한 경험이 있었다. B사장은 연간 100억 원대의 매출을 올리고 있다. 그는 "직장 생활 당시 쓰라린 경험이 있었기 때문에 좋은 회사를 만들려고 노력하고 있다."고 했다.

좋은 기업과 문화를 만드는 것은 그만큼 어려운 일이다. 다음은 A팀장의 편지 내용이다.

사무관님! 안녕하세요.

두서없이 작성한 글이지만 제 경험을 있는 그대로 솔직하게 말씀드리겠습니다. 이번에 그만 둔 회사는 5년 정도 근무했습니다. 작은 회사이지만 능력을 인정받아 동료 직원에 비해 빨리 팀장이 되었습니다. 어린 편이라 사장님은 부장 한 분을 제 위에 두셨습니다. 그래서 그가 제안한 사업이면 뭐든 열심히 하려고 했습니다.

그런데 Y부장은 거의 매일 지각에 술 먹고 결근하는 날도 많았습니다. 그러나 회사에서의 근태 관리는 제대로 되지 않았습니다. 그는 부서의 업무는 관심 밖이었습니다.

그는 "나이도 있고 실무 일을 하러 온 것도 아니니 자리에 앉아만 있겠다."는 말을 노골적으로 했습니다. 그리고 자신의 실적을 올리기 위해 빈번하게 무리한 요구를 했습니다. 특히 이간질이 무척 심했습니다. 제가 하지도 않은 얘기를 했다고 사장님에게 허위보고를 하고, 동료들에게 저에 대한 험담과 비난을 자주 하였습니다.

저는 대표이사를 비롯한 임원들에게 어느새 나쁜 직원이 되어 있었습니다. 사람들과의 팀워크를 중요하게 생각하던 제가 다른 사람들과 어울리지 못하고 혼자서만 일하는 사람, 다른 부서의 직원들과 협업하지 못하고, 밖에서 따로 모임을 만드는 사람이 되어 있었습니다.

사직서를 제출했다는 소문이 어떻게 났는지는 모르지만 많은 회사에서 기다렸다는 듯이 저에게 스카우트 제의가 들어왔습니다.

종전 회사는 눈에 보이는 성과와 연결된 외적인 부분에만 지나치게 집중했기 때문에 조직이 발전하지 못하고 열심히 일한 직원들에게 맞는 보상이 제대로 주어지지 않았습니다. 오로지 예스맨들만 인정받는 조직이 되어 썩어 가고 있었습니다. 이러한 조직에서 실제로 일하는 사람이 몇이나 될까요? 저는 5분의 1도 안 된다고 생각합니다.

중간관리자급에서는 더욱 심각합니다. 일하지도 않으면서 자기보다 잘나 보이거나 자기 앞길에 경쟁자가 될 것 같은 사람이 있으면 배 아파하는 사람이 대다수를 차지하고 있습니다.

CEO가 본인에게 시킨 일을 밑에 있는 직원에게 시키고, 사장에게는 자기가 했다고 하는 팀장이 많습니다. 사소한 일도 대단히 큰일인 것처럼 보고합니다.

제가 느낀 중소기업의 문제는 '썩은 물'입니다. 정말 미래가 밝고 가능성 있는 회사라 할지라도 썩은 물이 섞여 내홍이 일어나게 되고, 젊고 능력 있는 직원들을 이직하게 만듭니다.

아무리 규모가 작은 기업이라도 열심히 일하는 직원이 능력을 인정받을 수 있다면 대기업, 공기업 못지않게 만족스러운 회사

생활을 할 수 있다고 생각합니다. 사장이 바람직한 기업 문화 정착이 되도록 신경을 쓰면 직원들은 행복한 직장 생활을 할 수 있을 것입니다. 두서가 없지만 제가 다닌 회사 중 최악의 기억과 겪은 문제입니다. 감사합니다.

매우 안타까웠다. 다음은 5인 정도 규모의 조그만 사업체에서 일하는 한 직원의 말이다.

"저는 소규모 회사에 다녀요. 저희 상사는 거의 매일 지각합니다. 일은 안 하고 하루 종일 인터넷만 합니다. 누구도 뭐라 하는 사람이 없네요. 그는 사장 동생입니다. 근무 태도가 좋지 않은데 뭐라 하는 사람이 없어요. 저는 이 회사에 기대도 미련도 없어요. 처음엔 저도 열심히 했어요. 그런데 이 사람과 얼마 전에 말도 안 되는 내용을 가지고 부딪쳤는데, 사장님은 무조건 저한테 사과하라는 거예요. 어쩔 수 없이 사과는 했지만, 정이 떨어져 다른 회사를 알아보고 있어요. 일자리만 구하면 바로 그만 둘 거예요."

직장 문화를 만들기 위해서는 CEO의 철학이 필요하다. G사 모토는 '유도치세(柔道治世)와 여조삭비(如鳥數飛)'다. '부드러움으로 천하를 다스리고, 끊임없이 공부하여 프로가 되자.'는 뜻이다. 이 회사는 분위기가 매우 좋고 사장을 비롯해 직원들 모두가 발전하기 위해 열심히 노력하고 있다.

N사는 아침마다 임직원이 노래하는 회사로 매우 유명하다. 다음은 N사 행동규범 10계명이다.

1. 정직하게 보고하자.

2. 겸손하고, 겸손하고, 또 겸손한 자세로 일하자.

3. 타 부서 요청사항을 내 일보다 우선 처리하자.

4. 선택의 순간에 나에게 손해되는 쪽을 택하자.

5. 혼자 일하지 말고 함께 일하자.

6. 일과 쉼의 균형을 유지하자.

7. 고객과 동료에게 좋은 것을 Input 시키자.

8. 감사를 입에 물고 회의하자.

9. 노래하며 항상 기쁘게 일하자.

10. 독서로 위인을 만들자.

N사 L회장은 직원들이 긍정적이 되고 인격적으로 성장하면 저절로 회사도 발전한다고 생각한다. 그래서 이 회사는 아침마다 노래를 부르며 하루를 시작한다. 독서를 생활화하고 감사를 입에 달고 살고 있다. 서로에게 '슈퍼스타'라고 인사한다. 직원들이 행복하게 일할 수 있도록 관계 경영에 초점을 맞추고 있는 것이다.

대부분의 직장인은 하루 중 대부분의 시간을 회사에서 보낸다. 함께 일하는 상사와 동료 때문에 불행하다면 창의적인 성과가 나올 리 없을 것이다. 함께 일하는 시간이 고통으로 얼룩지는 일은 개인으로도, 조직으로도 바람직하지 않다.

직장 문화 개선이 단순한 이벤트로 머무르지 않기 위해서는 이를 회사 규정으로 제정하여 운영하는 것이 좋다. 지속 반복적으로 운영하다 보면 어느새 좋은 회사가 되어 있을 것이다.

꿈

저 멀리 꿈이 있다.
당신은 지금 잘 가고 있다.
제대로 가고 있다.

보다 잘게 나누면
그 어떤 일도 결코 힘들지 않다.

– 헨리 포드

진정성 없이는
어느 것도 해낼 수 없다

현대그룹 창업주 정주영 회장과 거북선의 일화는 매우 유명하다. 이 이야기는 '진정성'의 중요성에 대해 많은 생각을 하게 한다.

1970년대는 한국경제가 매우 어려운 시기였다. 이때 정주영은 조선소를 짓기로 결심하였다. 당시 우리나라는 조선소를 건설할 만한 경제력이 되지 않았다. 대형 조선소를 지으려면 차관(借款)을 들여와야 하는데 일본과 미국에서 거절당했다. 해외에서 차관을 도입하기가 하늘의 별 따기였던 시대다.

정 회장은 거절에도 좌절하지 않고 영국에서 차관을 빌리기로 하였다. 간절한 마음으로 영국은행인 버클레이즈의 문을 두드렸다. 차관을 얻으려면 '영국식 사업계획서'와 '추천서'가 필요하였다. 사업계획서는 준비하였으나 추천서를 받는 것이 문제였다.

정주영 회장은 영국의 유명 조선회사 A&P 애플도어의 찰스 롱바톰 회장에게 추천서를 써 줄 것을 간곡하게 부탁하였다. 그러나 롱바톰 회장은 비관적인 답변을 하였다. 그는 한국정부가 보증을 서도 안 된다는 것이었다. 그때 문득 정주영 회장은 바지 주머니에서 거북선이 그려진 지폐를 꺼내 보이며 말했다.

"한국은 영국보다 앞선 1500년대에 거북선을 만들어 일본과의 전쟁에서 이겼습니다. 이것이 이순신 장군이 만든 배입니다. 불행히도 산업화가 늦어졌지만 잠재력이 충분한 나라입니다. 자금만 확보된다면 훌륭한 조선소와 최고의 배를 만들어 낼 것입니다."

롱바톰 회장은 잠시 생각을 하며 다음과 같이 말했다.

"당신은 당신네 조상들에게 감사해야 할 것입니다."

"거북선도 대단하지만 당신도 정말 대단한 사람입니다. 당신이 정말 좋은 배를 만들기를 응원하겠습니다."

이날 롱바톰 회장은 버클레이즈 은행에 추천서를 보냈다.

지금과 같은 고도의 정보통신 시대에서도 이러한 이야기는 매우 많다. 말 한마디에 천 냥 빚을 갚는다. 상대에게 믿음을 주는 한마디에 천 냥이나 되는 돈을 빌릴 수도 있다.

정주영 회장은 소 판 돈 50원을 가지고 가출하여 성실과 근면 하나로 성공을 거둔 입지전적인 인물이다. 쌀가게 주인은 평생 자신이 일궈 놓은 쌀가게를 자식이 아니라 믿고 맡길 만한 사람인 정주영에게 넘겼다.

어느 비바람 치던 날 밤, 필라델피아에서 노부부가 하룻밤을 머물고자 한 허름한 모텔에 들어갔다. 도시의 축제 때문에 웬만한 여관이나 호텔은 사람들로 초만원이어서 자신들이 묵을 방이 없다며 도움을 호소했다. 종업원은 노부부를 친절하게 대했다.

그는 이 도시에서 3개의 큰 회의가 열리는 바람에 빈 방이라곤 어디에도 없을 것이라며, "객실은 모두 다 사람이 찼습니다. 그러나 밤 1시에 이렇게 비가 쏟아지는 거리로 두 분을 내보낼 수 없군요. 누추하지만 제 방이라도 쉬었다 가시면 어떨까요?" 하고 말했다.

종업원 방에서 하룻밤을 보낸 다음 날 아침, 노부부는 방값을 지불하면서 말했다.

"당신은 미국에서 가장 훌륭한 호텔 주인이 될 만한 사람입니다. 언젠가 내가 당신에게 그런 호텔 하나를 지어 드리겠습니다."

그 종업원은 이를 농담으로 여기고 웃었다.

그로부터 2년 후 1976년, 종업원은 그 노부부로부터 뉴욕에서 한 번 만나자는 초청장과 뉴욕행 왕복 기차표가 동봉된 편지를 받았다. 이때도 그는 이를 대수롭지 않게 여겼다. 그를 초청한 노부부는 뉴욕 5번가로 가서 큰 빌딩을 보여 주었다. 1,900개의 객실을 갖춘 매머드급 호텔이었다.

"저것이 자네에게 운영해 보라고 지어 주는 호텔일세."

조그만 모텔 종업원이 1,900개의 객실을 갖춘 호텔 총지배인이 된 것이다. 그에게 은혜를 베푼 사람은 바로 월도프 아스토리아 호텔의 경영자 존 제이콥 아스터였다.

당신은 성실하고 근면한가? 그리고 믿을 수 있는 사람인가? 만약 당신이 긍정적이고 적극적인 사고를 가지고 있다면 행운과 행복이 멀리 있지 않고 가까이 와 있다는 증거다.

빨리 끝내는 법

한 번에 하려고 하면 힘들다.
무엇보다 마음이 지친다.
일을 여러 개로 나누면 쉬워진다.
눈만큼 게으른 게 없다.
손만큼 빠른 게 없다.

운명이 겨울철 과일나무 같아 보일 때가 있다.
그 나뭇가지에 꽃이 필 것 같지 않아 보여도,
그렇게 되기를 소망하고
또 그렇게 된다는 것을 알고 있지 않은가?

– 요한 볼프강 폰 괴테

자기 경영 시스템을
만들어야 한다

한 행사에서 중소기업 CEO 서너 명이 얘기하는 것을 들었다. K사 B사장이 "직원들의 근태가 불량하고 적극적으로 일하지 않는다."라고 하소연하였다. 이에 C사 L사장은 자기네 회사 직원들은 마치 '공무원' 같다며 맞장구를 쳤다. 이 말을 듣고, 나는 요즘 공무원은 그렇지 않다고 말하려다 꾹 참았다.

그러고 나서 그들의 대화는 '직원들의 의식 전환 필요성'으로 옮겨 갔다. 직원들의 의식 개조가 필요하다는 것이다. 물론 직원들에 대한 지속적인 교육과 변화 관리가 필요하다. 그런데 이것만으로 해결될 수 없는 것이 매우 많다.

예전에는 버스 안에서, 사무실과 식당 등에서 누구나 자연스럽게 담배를 피웠다. 거래처 사무실을 방문할 때는 의례적으로 담배 한 보루를 사 가지고 가는 것이 자연스런 일이었다. 언제나 사무실 안은 담배 연기가 가득 찼고, 담배냄새 환기를 위해 수시로 창문을 열어야 했다. 여직원들이 사무실 책상 꽁초를 치워 주던 때였다. 이제 '호랑이 담배 피던 시절' 얘기가 되었다.

어느 순간 공공장소 등에서 담배를 피우지 않게 되었다. 이렇게 된 이유는 법에 의해 엄격히 금지를 하고 있기 때문이다. 이제 길을 걸으면서 담배를 피우는 것도 조심하게 되었다. 사람들이 싫어하기 때문이다.

바꾸어야 하는 것이 있다면 회사 내부 규정으로 만들어 이를 엄격하게 집행해야 한다. 그래야 영(令)이 서는 조직이 된다. 술에 물탄 듯하면 어느 누구도 이를 따르려 하지 않을 것이다.

중소기업 K사는 직원 성과에 대한 보상이 전혀 없었다. 아무리 회사 실적이 올라가도 성과급이 없는 것이다. 누가 이런 회사에서 열심히 일할 것인가? 거기다 제안제도에 인센티브가 없었다. 또한 하도급 업체의 부실한 품질 관리에 대한 페널티 제도도 제대로 운영되지 않았다. 답답한 일이다.

기본과 원칙에 관한 사항은 예외 없이 적용되어야 한다. 회사에 밥 먹듯이 지각하는 직원은 자신에 대한 페널티가 없으니 습관적으로 회사에 늦는 것이다. 이것에 대해 관대하니 다른 직원들까지도 물드는 것이다. 마음 좋은 사장이라고 해서, 작은 회사라고 해서 기강이 물렁하면 안 된다. 다른 직원들에게까지 나쁜 영향을 미치게 된다.

좋은 기업이란 직원들이 스스로 일할 수 있도록 권한위임 (empowerment)을 하는 회사다. 대신 자신의 일에는 책임을 지게 해야 한다. 성과에 대해서는 과감하게 보상을 하고, 잘못된 일에 대해서는 확실하게 징계를 하여야 한다. 신상필벌(信賞必罰)이 엄중하게 적용되어야 조직이 바람직한 방향으로 운영된다.

나는 무엇보다 중소기업이라고 하더라도 '내부 통제 시스템'을 시급히 갖추어야 한다고 생각한다. 현장 컨설팅을 하며 '감사 기능'을 제대로 운영하는 기업이 거의 없다는 것을 알게 되었다. 무엇이 잘못되었는지 확인하고 개선하여야 다음에 똑같은 잘못을 되풀이하지 않을 수 있다. 이는 담당자에게 징계를 주려는 것이 아닌, 다음에 더 잘하기 위해 꼭 필요한 기능이다.

나는 직원 수가 10명 이상만 되면 반드시 감사 기능을 수행해야 한다고 생각한다. 어떤 중소기업은 사장의 아내를 감사로 임명했는데, 이런 회사는 절대 발전할 리 없다. 왜냐하면 임명의 정당성과 공정성을 상실했기 때문이다.

여러 부서의 직원들과 교차하여 TF를 구성하고 감사를 해 각 부서의 문제점을 지적하면, 이에 대해 해당 부서에서는 개선안 및 조치 결과를 내놓아야 한다. 이런 일이 반복되며 더 나은 회사로 탈바꿈하게 된다. 문제점들을 바로잡아 개선하며 회사가 성장하는 것이다.

시스템이 작동된다는 것은 각 기능이 자발적으로 작동되는 것을 의미한다. 성과가 있는 직원에게는 승진으로 보상해야 한다. CEO의 개인적인 친소관계에 의해 인사와 성과가 좌우되면 안 된다. 아무리 규모가 작은 조직이더라도 인사위원회에서 승진을 결정하고 포상위원회에서 포상을 결정해야 한다. 그래야 조직의 영이 서게 된다. 그렇지 않으면 모든 의사결정이 사장 손에 이루어져 직원들의 불만이 가득한 회사로 전락하게 될 것이다.

믿으면 믿는 대로 된다

봄이 돌아오지 않은 적이
단 한 번도 없었다.
너무 자주 실패하는 사람은
보이지 않는 것에 대한
믿음이 약한 사람이다.
확신이 있어야 이룰 수 있다.

용기란 자신이 두려워하는 것을 하는 것이다.
즉 두려움이 없으면 용기도 없다.

– 에디 리켄배커

나에게 주어진
달란트는?

어떤 부자가 타국으로 길을 떠나면서 하인 세 사람에게 재산을 맡겼다. 각자의 능력에 맞도록 한 사람에게는 다섯 달란트를 주고, 다른 한 사람에게는 두 달란트를 주고, 마지막 한 사람에게는 한 달란트를 주었다. 다섯 달란트를 받은 사람은 열 달란트로, 두 달란트를 받은 사람은 사 달란트로 각각 장사를 하여 재산을 불렸다. 그러나 한 달란트를 받은 사람은 '혹시 한 달란트를 잃으면 어떻게 하나?' 하는 불안한 생각에 아무것도 하지 않고 밭에 묻었다.

이윽고 주인이 돌아와서 재산을 2배로 불린 하인들은 칭찬하며 상을 내렸다. 그러나 한 달란트를 받은 하인에게는 '악하고 게으른 종'이라 말하며 그를 책망하고 바깥 어둔 곳으로 내쫓았다.

이 '달란트 비유'에 따르면 각자 주어진 몫에는 차별이 있다. 자신이 가진 몫마저 잃어버릴까 봐 수동적이고 소극적인 삶이 아니라 주어진 몫으로 장사를 하는 사람처럼 적극적인 삶을 살아야 한다. 자신의 몫이 작다고 불평만 하고 내버려 두면 오히려 그 '작은 몫'마저 잃게 된다.

영어 단어로 책임은 'responsibility'다. 이 단어는 응답(response)과 할 수 있음(ability)의 합성어이다. 즉 '응답하는 것'이 '책임'인 것이다. 현실에서 자신에게 주어진 역할에 응답하는 것은 책임을 진다는 것을 의미한다.

타고난 능력에 따라 사람들은 각기 다른 달란트를 받는다. 자신에게 작게 주어졌다고 원망하고 회피한다고 문제가 해결되지 않는다. 적극적으로 자신에게 주어진 재능과 역할을 다할 때 책임과 권한이 함께 커진다. 이와 함께 느껴지는 행복감도 더욱 커질 것이다.

인간관계에서 어떤 사람이 상대방의 요청에 대하여 반응이 없으면 이는 상대에 대하여 책임을 지지 않겠다는 의미로 해석될 수 있다. 상대방에게 느끼는 감정이 그 정도밖에 안 되는 것을 어쩌겠는가?

책임감도 요청하는 사람의 중요도에 따라 다르게 적용하는 사람이 있다. 내가 반응을 보였는데 상대로부터 응답이 없다면 그는 나에 대해 책임을 느끼지 않기 때문이다. 이런 관계에 대해 편하게 생각하고 살면 그뿐이다. 세상은 그리 복잡하지도 그리 단순하지도 않다.

남다른 길

남이 가는 길은
용기가 필요치 않다.
검증이 끝났기 때문이다.
남이 가지 않는 길에는
용기가 필요하다.
위험이 있을 수 있기 때문이다.
용기가 필요한 일에는
큰 보상이 주어진다.

PART 6

비즈니스 마인드로
하루를 살아야 한다

모든 것에는 교훈이 담겨 있다.
문제는 그것을 찾을 수 있느냐 하는 것뿐이다.

– 루이스 캐럴

사업을 하는 것은
돈을 버는 것 이상의 가치가 있다

장사를 한다는 것은, 사업을 한다는 것은 단순히 '돈을 버는 것' 이상의 가치가 있다. 그렇기 때문에 돈을 벌겠다는 생각에 아무 생각 없이 사업을 시작하면 어려움에 빠질 가능성이 크다.

자신의 사업에 생계를 기대는 사람이라면 자신의 사업에 대한 가치를 재정립해야 한다. 그렇지 않으면 '매출'에만 지나치게 매달린 나머지 정작 중요한 '핵심 가치'가 훼손될 수 있기 때문이다.

가장 쉬운 창업이 '음식 장사'다. 전체 자영업 중 폐업 업종 1위가 '식당'으로 알려져 있다. 하루 평균 3,000명이 식당을 시작하고, 2,000명이 식당을 폐업한다고 한다. 요식사업가 백종원 대표는 국정감사에서 출석에서 "많은 분들이 「골목식당」의 취지를 잘못 알고 있다. 식당을 하라고 부추기는 것으로 오해하는데,

사실 창업을 하지 말라는 취지로 출연했다."고 밝혔다. 그는 "어쩔 수 없이 가게를 연 분들에게 고칠 부분을 알려 드리고 희망을 드리고자 한 것"이라고 덧붙였다. 그는 방송에서 제대로 된 준비도 없이 식당을 오픈하고 음식 장사를 시작한 이들에게 '비판'과 '안타까움'을 표현하며 외식업의 현실을 일깨우고 있다.

어떤 식당은 손님을 오로지 매상을 올리는 대상으로만 여긴다. 제공되는 서비스는 겉만 번지르르할 뿐 알맹이는 전혀 없다. 이런 경우 음식에 대한 가치가 있을 리 만무하다. 이런 생각을 가진 사장은 "맛있는 음식을 제공함으로써 식당을 방문한 고객에게 삶의 행복함을 느끼도록 하겠다."는 가치를 음식과 서비스에 포함시키지 못한다.

그렇기에 고객의 다양한 요구가 매상의 효율성을 떨어뜨리는 것으로 간주되어 짜증만 가득할 뿐이다. 오직 매출에 집중한 나머지 고객이 빨리 식사하고 나가기를 바라기 때문에 사장은 전혀 행복할 수 없다.

사장은 가게가 제공할 수 있는 서비스의 정도와 한계를 정확히 인식하고 안 되는 부분에 대해서는 솔직하게 고객에게 양해를 구해야 한다. 그러나 일의 가치가 오직 돈인 사장은 고객의 요구에 인상만 쓰게 되며 미소를 짓기가 쉽지 않다. 그렇기에 돈에 지나치게 집중하면 돈이 벌리지 않고 행복도 멀어진다.

즐겁게 하는 일은 행복하게 돼 건강에도 좋으나 마지못해 하는 일은 스트레스만 쌓이고 다른 사람까지 힘들게 할 뿐이다. 일을 제대로 즐길 때 몰입이 가능하고 성과도 나온다. 돈은 가까이 하려면 멀어진다.

핵심가치를 추구할 때 돈이 따르게 된다. 부자라고 해서 다 행복한 것은 아니다. 이 글을 읽는 독자들이 행복한 부자가 되기를 바란다.

의미 있는 하루

교훈 없는 하루는 없었다.
단지 놓칠 뿐이다.
재미와 교훈이 여기저기에 숨겨 있다.
찾기 힘들 뿐이다.
교훈을 찾지 않고 보낸 하루는
의미 없는 하루다.
찾은 교훈은 잊기 전에
일기장에 기록해야 한다.

운명은 우리 활동의 반 정도만 지배할 뿐이다.
그 나머지 반은 우리 자신의 손에 맡겨져 있다.

– 니콜로 마키아벨리

위기를
경영해야 한다

하인리히 법칙이라는 것이 있다. 미국 여행보험회사 관리자였던 하인리히가 찾아낸 규칙이다. 대형사고가 발생하기 전에 그와 관련한 수많은 경미한 사고와 징후가 존재한다는 것이다.

하인리히 법칙은 1:29:300 법칙으로도 많이 알려져 있다.

"평균적으로 1건의 큰 사고 전에는 29번의 작은 사고가 발생하고 300번의 잠재적 징후들이 그 전에 나타난다."

한 번에 대형사고가 발생하지 않는다. 경미한 사고가 이어지다가 작은 사고가 발생하는 것이다. 또한 큰 사고가 있기 전에 작은 사고들이 나타나는 것이다.

경미한 사고가 대형사고로 이어지는데도 이를 발견하지 못하는 이유가 무엇일까? 단지 사람들의 '안일함'이라고만 탓할 수 있을까? '위기를 관리하는 시스템'이 부재하기 때문이라 말할 수 있다. 즉 위기 경영을 하지 못하는 것이라 할 수 있다.

현대는 위기가 일상화된 사회이다. 그렇기 때문에 기업들은 위기를 대비하여 매뉴얼을 마련하고, 이에 대한 훈련 등을 실시하여야 한다. 현장에서 많은 중소기업을 방문하며 느낀 것이 있다면 이에 대한 준비가 되지 않은 기업이 많다는 것이다.

많은 경우 위기가 단순 '화재'에만 머물러 있고, 이에 대한 대책도 소방훈련 정도인 기업이 많았다. 복잡한 현대사회에서 위기는 '화재'뿐만 아니라 '부도', '신용평가 하락', '파업', '세계경제 침체', '거래처의 부도', '경쟁업체의 기술 혁신' 등 매우 다양하다.

예전엔 외부 위기가 컸다면 지금은 내부 위기도 비중이 커지고 있다. 과거에는 생각하지 못한 새로운 유형의 위기가 나타나고 있다. 위기의 원인과 유형이 복잡해지고 있는 것이다. 과거의 위기도 관리가 되지 않으면 다시 발생한다. '꺼진 불도 다시 보자.'는 말이 있지 않은가. 이러한 위기를 관리하기 위해 복합적이고 체계적인 관리가 필요하다.

위기를 어떻게 예방할 수 있을까? 위기는 징후와 전조가 있기 마련이다. 사소한 사고가 발생했을 때 초기 대처가 중요하다. 위기는 정상이 아닌 상태나 일상적인 상황이 아닌 상태를 말한다. 즉 시스템이나 메커니즘이 붕괴된 상태를 말한다. 그렇기 때문에 그 전 상태로 재빨리 되돌려야 한다.

위기 경영이란 적극적으로 위기를 차단하고 위기가 발생하면 효과적으로 대처하는 것을 말한다. 평소 각종 위기 상황에 대한 시나리오를 만들어 이를 어떻게 극복할지를 생각하고 훈련을 하고 있다면 발 빠른 대처가 가능하다.

내 인생의 주인공은 나

다른 사람이 내 운명을 결정하는 것을
원하는 사람은 없을 것이다.
내가 내 삶을 결정하지 않으면
누군가 내 인생을 결정하게 된다.

빠져나가는 최상의 방법은
뚫고 나가는 것이다.

– 로버트 프로스트

독서 경영이
경쟁력이다

책을 읽는 문화가 형성된 조직은 구성원의 창의성이 높아져 기업의 생산성을 높이는 데 기여를 하게 된다. 『변신』의 작가 카프카는 "책은 우리 내면의 얼어붙은 바다를 깨는 도끼"라고 표현한다. 좋은 한 권의 책이 읽는 사람의 생각과 행동의 변화를 이끌어 내는 것이다. 바람직한 독자는 책을 통해 성장하고 발전하면서 풍요로운 삶을 살아간다. 사물과 인간에 대한 사유를 통해 긍정적인 가치관과 세계관을 형성하게 되는 것이다.

책을 읽지 않는 사람들은 대개 일이 바빠 시간이 나지 않은 것도 있지만, 유튜브 등 감각적인 것에 빠져 활자에 쉽게 손이 가지 않는 이유가 더 크다고 할 수 있다. 책을 읽으려고 하면 집중을 못하는 것이다.

급격한 변화의 시대에 독서를 통해 기업 현실에 대한 고민과 성찰을 경영 전략에 반영하며 변화를 거듭하는 회사들이 늘어나고 있다. 이들 회사는 지식 공유와 독서토론 활성화를 통해 기업 미래를 위한 아이디어를 공유하고 소통을 강화하며 인적 자원의 발전을 유도하고 있다.

말초신경을 자극하는 감각적인 TV, 영화, 게임 등과 달리 책은 독자의 상상력을 자극해 '창의성'과 '발상의 전환'을 이끌어 낸다. 이러한 이유로 책을 읽는 CEO들이 늘어나고 있으며, 이들은 '독서 경영'을 부르짖고 있다.

B사는 직원들이 책을 읽도록 만화책이나 잡지 등을 제외하고 자기계발에 도움이 된다고 생각되는 책의 구매비용을 전액 지원한다. W사는 2017년부터 '무제한 도서지원제도'를 운영 중이다. 기업이 개인의 성장을 관심을 가진다는 점에서 매우 바람직하다. 왜냐하면 직원들의 수준이 곧 회사의 수준이 되기 때문이다.

C사는 강제적인 책 읽기를 하고 있다. 1년에 10권은 의무적으로 읽어야 한다. 책을 읽었는지 여부는 '독후감'으로 판단한다. 만약 독후감을 내지 않는 직원이 있다면 근무평가에서 불이익을 각오해야 한다. 초기에는 직원들의 반발이 컸지만, CEO의 의지로 밀어붙이고 있다고 한다.

C대표는 "지금은 독서하는 문화가 정착이 돼 회사의 발전에

도움이 되고 있다고 자부한다."며 "많은 중소기업의 회사 문화를 바꾸는 데 독서 경영을 강력히 추천한다."고 말한다.

김수환 추기경은 "수입의 1%는 책을 사는 데 투자하라. 옷이 헤지면 입을 수 없어 버려야 하지만 책은 시간이 지나도 여전히 위대한 가치가 있다."라고 말했다.

책을 읽는 사람은 대부분 자존감과 행복감을 느끼는 지수가 매우 높다. 왜냐하면 평소 책 읽기를 통해 지식이 쌓이고 지혜로운 사람으로 변화했기 때문이다. 시간이 많이 나고 한가하면 좋은 생각보다 자신과 타인에 대한 부정적인 생각에 빠져들 수 있다. 시간을 쪼개 가며 책을 읽는 사람은 다른 사람의 시선이나 생각들에 대해 개의치 않게 된다. 또한 자신이 '타인의 감정 하수구'로 전락하는 것을 못하게 한다. 왜냐하면 그 시간에 책을 읽어야 하기 때문이다.

운명

피할 수 없다면 즐겨야 한다.
처음부터 정해진 운명은 없다.
운명은 개척하는 것이다.
운명은 돌파하는 것이고
만들어 가는 것이다.

나의 어느 부분도 원래부터 있었던 것은 아니다.
나는 모든 지인들의 노력의 집합체다.

– 척 팔라닉

호기심을 담는
그릇이 '메모'다

'유레카'에 얽힌 아르키메데스의 일화는 많은 사람이 한 번쯤 들어 보았을 정도로 매우 유명하다. 어느 날 왕이 아르키메데스에게 왕관이 진짜인지 가짜인지 조사하라고 지시를 했다. 아르키메데스는 매일 이 문제를 해결하기 위해 매달렸다. 하루는 목욕탕에 들어가서 골똘히 생각에 잠겨 있었다. 욕조에 채워진 물이 넘쳐흐르는 것을 보고 질량과 부피의 원리를 깨달았다. 이 발견에 흥분한 나머지 알몸인 채로 "유레카"를 외치며 집으로 달려갔다고 한다.

만약 당시 아르키메데스에게 메모지가 있었으면 벌거벗고 뛰지 않았을 것이다. 호기심과 열정이 가득한 사람이 언제 어디서든 아이디어가 떠오를 때 이를 놓치지 않기 위해 하는 것이 바로

'메모'다.

순간적인 아이디어를 놓치지 않으려면 즉시 메모를 해야 한다. 그렇지 않으면 떠오른 생각이 순간에 날아갈 수 있기 때문이다. 소중한 아이디어를 잃어버리지 않으려면 긴장의 끈을 절대 놓치면 안 된다.

다른 사람과 얘기하다가도, 사물을 대하면서도 불현듯 생각이 떠오르면 곧바로 기록해야 한다. 이러한 메모 습관은 열정을 가진 사람에게 주로 나타난다. 메모하는 습관은 삶의 목표가 분명한 사람들의 공통적인 특성이다. 이병철 삼성 창업주, 기업 경영의 신화 잭 웰치를 비롯해 발명왕 에디슨도 메모광이었다.

메모를 어떻게 해야 할까? 나는 수첩, 스마트폰 등 어디에든 기록만 할 수 있으면 좋다고 생각한다. 메모하는 특별한 방법은 필요 없다. 그러나 기록하고 거기서 끝나는 메모는 의미가 없다. 반드시 정리하는 과정을 거쳐야 한다. 이런 과정을 통해 당시의 기억이 또렷이 재생되고 메모 내용이 오랫동안 각인되는 것이다.

꿈을 가진 사람은 반드시 메모하는 습관을 키워야 한다. 위대한 성공을 이룬 사람들은 '작은 메모 습관 하나가 성공의 밑거름'이라고 말한다.

나는 여기에 더하여 '일기 쓰기'를 추천한다. 우리는 매일 하루하루를 소비하고 산다. 그렇기에 시간이 지나고 나면 자신이 무슨 일을 하였는지, 자신에게 어떤 일이 있었는지 기억하지 못한다. 소소한 일상을 기록하는 것으로도 '생각하는 힘'이 커지고 성장하게 된다. 자신과 대화를 통해 더 나은 사람이 되는 모습을 확인하게 된다.

또한 자신의 삶을 돌아보며 잘못된 점을 반성하는 시간을 갖게 된다. 그리고 일기를 쓰면 하루 일과 중에 있었던 '사건'과 '사고'에 대한 스트레스를 해소할 수도 있다. 감정의 배출구로 다른 누군가에게 기대지 않아도 되는 것이다. '자기 위안'도 하며, 자신의 감정을 긍정적으로 전환하게 한다.

무엇보다 글쓰기 능력이 향상되며 문장력도 생긴다. 나 또한 하루도 빠짐없이 글을 쓰며 '글쓰기 힘'을 기를 수 있었다.

감사하면 행복해진다

작은 인연에도 감사하면 행복해진다.
모든 관계가 싸워야 할 대상이면 하루가 괴롭다. 불행해진다.
행복하기 위해 조그만 것에도 감사하자.
감사가 습관이 되면 더 크게 감사할 일들이 생긴다.

문제는 목적지에 얼마나 빨리 가느냐가 아니라
그 목적지가 어디냐 하는 것이다.

– 메이벨 뉴컴버

환영받을 수 있도록
겸손하라

고객을 반갑게 맞아 주지 않는 비즈니스는 성공하기 어렵다. 왜냐하면 거래 상대방이 또 다른 공급망(Supply Chain)을 찾으려 할 것이기 때문이다. 만약 거래하는 비즈니스가 싱글(Single)이라면 당장은 '울며 겨자 먹기'로 해당 비즈니스를 찾을 수밖에 없을 것이다. 그러나 상대방은 언제든지 대용품 생산자와 거래하려고 하거나 이마저도 없을 경우 직접 해당 제품을 제조하거나 해당 서비스에 진입하려고 할 수도 있다.

이와 마찬가지로 만나는 사람이 겸손하지 않고 지나치게 권위적이면 아무리 능력이 출중하더라도 그를 만나는 것이 매우 불편하게 된다. 심지어 함께 식사하는 것만으로도 소화불량에 걸리기도 한다. 상대에게 부담을 주는 존재가 되면 어디에서도 환영받기가 어렵게 된다. 우월한 지위에 있을수록 자신을 내려놓고 겸손한 삶을 살아야 하는 이유다.

송(宋)나라 때 한 사람이 주막을 운영했다. 그는 술을 만드는 재주도 뛰어났고 술을 팔 때 속이지도 않았다. 그러나 점점 술을 사 가는 사람이 없어 술이 시큼해졌다. 도무지 이유를 알 수 없어 평소 알고 지내던 마을 어른을 찾아가 연유를 물었다. 그러자 마을 어른이 물었다.

"자네가 키우는 개가 사납지 않은가?"

"개가 사나운 것과 술이 팔리지 않는 것이 무슨 관계가 있습니까?"

마을어른의 답은 이러했다.

"사람들이 개를 무서워하기 때문이라네. 어떤 사람이 자네 주막을 방문할 때 개가 덤벼들면 위험을 감수하고 자네 집의 술을 먹기는 어렵겠지. 그럼 주막을 방문하는 사람들의 발길이 뜸해지고 결국은 술이 쉬게 되네."

주인은 자신에게 상냥한 그 개가 사나운지 몰랐지만 마을 사람들에겐 두려움의 대상이었던 것이다.

『한비자』「외저설우(外儲說右)」에 나오는 구맹주산(拘猛酒酸) 이야기다. 술집의 개가 사나워 술이 쉬게 되었다는 말이다. 이 이야기는 나라에도 개와 같은 간신들이 있다는 것을 의미한다. 이를 기업으로 바꾸어 생각해 보면 사장이 아무리 잘하려고 해도 임직원이 사나운 개와 같다면 제품이 팔리지 않는다고 할 수 있다.

이 내용을 개인으로 바꿔 생각하면 다음과 같이 해석할 수 있다.

"당신의 능력이 아무리 뛰어나도 교만하면 사람들은 당신을 찾지 않을 수 있다."

아무리 뛰어난 인재라고 하더라도 찾는 사람이 적다면 마치 '술이 쉬어 먹지 못하게 되는 것'처럼 버려지고 마는 것이다. 다른 사람과 교제 없이는 인간은 고독한 존재이다. 당신은 편안한 사람인가? 아니면 불편한 사람인가? 만약 '자신이 다른 사람에게 불편한 사람'이라는 생각이 들면, '상대방을 높이고 자신을 낮추는 태도'가 몸에 배도록 노력하여야 한다. 겸손은 자신이 낮아지는 것이 아니라 높아지는 것이다. 이것이 겸손의 미덕이다.

꿈보다 목표가 중요하다

현실과 타협하면
손쉬운 목적지를 찾게 된다.
꿈을 잃고 도착한 목적지가
즐거운 여행일 리 없다.
삶의 목적이 무엇인지 모르면
여행 중에 길을 잃을 수 있다.
정말 중요한 것들은
놓치지 않아야 한다.

인간의 모든 지혜는
기다림과 희망이라는 말로 요약된다.

− 알렉상드르 뒤마

선한 영향력이
결국 승리한다

기업들이 '정도 경영'을 하는 것도, 연예인이 자신이 번 돈의 일부를 사회에 기부하는 것도, 자신의 자리에서 묵묵하게 일하는 것도 모두 '선한 영향력'이라 할 수 있다. 선한 영향력이란 특정인의 바람직한 행동이 다른 사람에게 좋은 영향을 미치는 것을 의미한다.

기업과 사회 유망인사들의 '기부 행위'나 '봉사 활동'을 너무나도 당연하게 받아들이는 것은 잘못된 것이다. 왜냐하면 자본주의 사회에서 그러한 행위는 '개인의 선택 문제'이기 때문이다. 고맙고 감사할 따름이다. 많은 기업과 개인이 이러한 활동을 하는 이유는 사회 구성원으로서 책임과 의무를 다하기 위해서다.

30여 년 전에 나는 대학 정문에 붙은 야학교사 모집 플래카드를 보고 S야학에 지원을 했다. 그곳은 W사회복지관에 세 들어 있는 청소년 야학이었다. 야학교사를 하게 된 계기가 처음엔 소설 『상록수』의 낭만을 꿈꿨던 것 같다.

그때 나는 아무것도 모르는 철부지 대학생에다 인생에 대해 전혀 알지 못하는 나이였다. 당시 나는 2년 동안 야학교사 생활에 올인했다. 덕분에 학점은 엉망이었다. 야학생들은 나보다 나이가 조금 많거나 엇비슷했고, 어린 친구들도 조금 있었다. 그들이나 나나 모두 서투르고 경제적으로도 불안정한 때였다.

지금 생각해 보면 더 성숙했을 때 야학교사를 했으면 좋았을 것이라는 생각이 든다. 자존감도 매우 낮아 대학 생활도 적응하지 못하던 시절이었다. 대학생인 교사를 강학(講學)이라고 불렀다. 가르치며 배운다는 뜻이다. 학생을 학강(學講)이라 했다. 배우며 가르친다는 뜻이다. 야학교사 생활을 하면서 배운 점이 있다면 사람과의 관계에서 일방적인 관계는 없고 모든 것이 '상호 관계'라는 것이다.

중소기업 Q사 L사장의 경우 지역사회에서 기부 활동을 굉장히 열심히 한다는 평가를 받고 있다. 그러나 정작 자신이 운영하는 회사에서는 직원들에게 상습적인 '언어폭력'과 '갑질'을 한다는 소문이 매우 자자하다. 주요 부서에 친인척 등이 포진되어 어느 곳에도 억울함을 하소연할 곳이 없어 숨이 막힐 지경이다. 이 때문에 대다수가 입사한 지 1~2년도 되지 않아 이를 견디지 못하고 회사를 그만 둔다고 한다.

L사장은 밑바닥에서 자수성가한 사람이다. 회사가 자신의 소유라는 의식이 매우 강해 갑질이 심하게 된 경우다. 자신의 성공을 오로지 자신의 능력으로 이뤘다고 생각하니 권위적인 CEO가 된 것이라 할 수 있다.

중소기업 S사 S대표는 "사장이 절대로 돈 관리에 개입하면 안 된다."고 말한다. "기업하는 사람이 회사 자금을 가져다 개인 땅을 사거나 자기 집 인테리어를 하는데 한심한 일이다."며 CEO는 회사를 투명하고 공정하게 운영하여야 한다고 강조한다.

그는 애써 힘들게 창업하고 키운 회사의 지분을 직원들에게 무상으로 나눠 주었다. 쉽지 않은 결정이었을 텐데 그 이유가 무엇인지 물었다. 그리고 진입장벽이 낮은 제품을 생산하는 회사라 직원들이 일을 배우고 나면 쉽게 창업의 길로 들어설 가능성이 높은데, 어떻게 직원들이 여전히 이 회사에 다니고 있는지 궁금해서 그 이유도 물었다.

그는 웃으며 다음과 같이 말했다.

"사실 직원들에게 주인정신을 말했어요. 그런데 그들이 주식도 하나 가지고 있지 않는데 주인정신을 가지라고 하니 말이 안 되는 거예요. 그래서 주식을 무상으로 주었어요. 나 혼자 하면 100밖에 못하는데, 같이하면 200도 하고 300도 할 수 있을 것이라고 그들에게 말했어요. 그게 우리 회사가 발전하고 성장하는 원동력이 되었어요. 많은 중소기업 직원들이 일할 만하면 회사를 옮기거나 창업하거나 그러잖아요. 그런데 여기에서 주인인데, 대우도 잘해 주는데, 굳이 회사를 그만 두고 창업하겠어요?"

CEO를 비롯한 직원들이 한뜻으로 나가는 회사가 좋은 회사다. 모두가 하나의 목표에 '정렬성'을 가진 기업이기 때문이다. 이러한 기업은 고객은 물론 직원, 협력업체에 대해 신뢰와 책임을 다하는 기업이기 때문에 선한 영향력을 가진 기업이라고 말할 수 있다.

좋은 중소기업이 많아지고 잘되면 세상이 얼마나 아름다워질까 생각해 본다. 행복한 사장, 직원과 그 가족들이 편안하고 행복한 하루를 보내는 꿈을 꾼다.

희망이 있기에

희망이 있기에 넘어져도 다시 일어난다.
희망이 있기에 믿음이 흔들리지 않는다.
힘들어도 참고 견딜 수 있게 해 준 힘은 희망이다.
희망이 있기에 기다림이 즐겁다.
기다림 없이 이루어진 것은 아무것도 없다.

교육은 암기를 얼마나 열심히 했는지,
혹은 얼마나 많이 아는지가 아니다.
교육은 아는 것과 모르는 것을
구분할 줄 아는 능력이다.

– 아나톨 프랑스

체력이 곧
경영 능력이다

"돈을 잃으면 조금 잃은 것이요, 명예를 잃으면 반을 잃은 것이요, 건강을 잃으면 전부를 잃은 것이다."

건강의 중요성을 강조한 말이다.

건강을 잃고 나서야 운동의 중요성을 실감하는 사람이 많다. 운동은 질병을 예방할 수 있는 효과적인 수단임에 틀림없다. 연구에 의하면 '운동을 규칙적으로 하는 사람과 그렇지 않은 사람은 삶의 활력과 집중도에서 크게 차이가 난다.'고 한다. 건강하고 행복한 삶을 살기 위해서도 운동을 반드시 해야 한다.

나는 스트레스가 많은 직장인이나 CEO 등에게 가장 좋은 운동으로 유산소 운동을 추천한다. 조깅, 자전거 타기 등 유산소 운동은 '아드레날린을 분비시켜 스트레스 해소에 도움이 된다.'고 알려져 있다. 당신이 운동 계획으로 걷기를 다짐하고 있다면 '가볍게 걷기'로 시작해 조금씩 강도를 높이며 걷는 시간을 늘리는 것이 좋다. 특히 조깅, 수영 등 유산소 운동은 완전운동이기 때문에 다른 불완전운동에 비해 부상 위험이 현저히 적다.

많은 연구에 따르면 '규칙적인 운동'이 뇌졸중과 심장질환, 우울증 발병 위험을 현저히 낮춘다.'고 밝혀졌다. 또한 운동을 규칙적으로 하는 사람의 업무 성과와 행복지수가 그렇지 않은 사람에 비해 최대 75%나 높게 나왔다고 한다.

알리바바 창업주 마윈은 30년 이상 태극권을 수련해 온 것으로 알려져 있다. 2016년에는 왕년의 쿵푸 스타 이연걸이 감독을 맡은 영화 「공수도」에 출연하기도 했다.

새벽형 인간인 애플의 CEO 팀쿡은 새벽 3시 45분에 잠자리에서 일어나는 것으로 유명하다. 그는 애플 사용자의 반응을 살펴본 뒤 체육관에 가서 약 1시간 정도 운동한다. 그는 "운동이 스트레스를 막아 준다. 건강과 피트니스를 우선순위에 두지 않았다면 일에서 지금처럼 성공하지 못했을 것이다."라고 말했다.

현대그룹 창업주 정주영 회장은 매일 아침 4시에 일어나 가족들과 식사를 하고 오전 7시 정각에 청운동 자택에서 계동 현대그룹 본사까지 걸어서 출근한 것으로 유명했다.

어려운 경제 환경에서 기업을 이끌고 있는 대표들은 바쁜 시간을 쪼개 가며 운동을 한다.

K사 P대표는 새벽에 일어나 한강에서 자전거를 타며 건강 관리를 하고 있다. B사 J대표도 매일 새벽 헬스와 조깅으로 건강을 지키고 있다. K사 M회장은 매일 아파트 22층 계단을 오르며 건강을 다지고 있다. 내려올 때는 엘리베이터를 이용한다.

무엇보다 CEO는 건강 관리를 잘해야 한다. CEO는 혼자 몸이 아니기 때문이다. 몸이 건강해야 식지 않는 열정을 유지할 수 있다.

일머리가 좋아야 한다

단순한 지식의 암기는
사는 데 그리 중요하지 않다.
문제가 무엇인지를 알고
찾아 해결하는 능력이 훨씬 더 중요하다.
공부머리와 일머리는 다르다.
공부머리보다 일머리가 훨씬
높이 평가받게 된다.

PART 7

적극적인 사고방식이
행복한 성공을 만든다

절대 후회하지 마라.
좋은 일이라면 그것은 멋진 것이다.
나쁜 일이라면 그것은 경험이 된다.

– 빅토리아 홀트

지금 필요한 것은
의사결정이다

　우리는 다양한 사람을 만난다. 생김새만큼이나 성격도 매우 다양하다. 용모나 성격만큼이나 의사결정을 하는 방식이 각각 다르다. 의사결정을 어려워하는 사람이 있는 반면 어떤 사람은 의사결정을 쉽게 한다. 어떤 사람은 무슨 생각을 하고 있는지 말을 하지 않아 도대체 그 속을 알 수가 없는 사람도 있다. 때로는 좋은 게 좋은 것이라는 생각으로 내버려두다 뒤늦게 수습하는 비용이 더 들어가기도 한다. 몇 번씩 같은 실패를 되풀이하다 보면 실패가 두려워 지나치게 신중해져 의사결정을 하지 못하는 사람도 있다.

　인생은 선택의 연속이다. '된장찌개를 먹을까? 아니면 김치찌개를 먹을까? 자장면을 먹을까? 아니면 짬뽕을 먹을까?'

일상생활에서 사소한 것을 선택하는 것부터 인생의 중요한 진로를 선택하는 일 그리고 비즈니스와 관련된 선택에 이르기까지 우리는 숱하게 선택의 순간에 직면한다. 순간에 잘된 의사결정은 우리 삶에 대한 만족도를 높여 더욱 행복한 삶을 살아갈 수 있게 도움을 줄 것이다.

실패에 대한 두려움 때문에 선택하는 것이 무척 두렵다. 어떻게 하면 후회하지 않을 결정을 할 수 있을까? 후회하더라도 결정해야 한다. 결정한 이후에는 결과에 대한 아쉬움이 클 수 있다. 그러나 후회한다고 문제가 해결되지 않는다. 이미 지난 시간이기 때문이다. 한 번 결정했으면 후회하지 말아야 한다. 선택의 경험이 쌓이다 보면 결정을 점점 더 잘하게 될 것이다.

대부분의 사람이 결정을 어려워하는 이유는 자신에게 필요한 것이 무엇인지를 알지 못하고, 관련 정보가 충분하지 않기 때문이다. 무엇보다 의사결정을 해 본 경험이 없어서이다. 사람들은 경험을 통해 배우는 속성이 있기 때문에 이러한 결과들은 당연한 것이다.

1985년 설립된 블록버스터(BlOCK BUSTER)는 북미의 비디오 대여 사업을 독점한 기업이었다. 넷플릭스 설립 초기인 2000년, 창업자인 리드 헤이스팅스는 5,000만 달러에 지분 49%를 인수할 것을 블록버스터에 제안했으나, 블록버스터는 이 제안을 거절하였다. 그리고 10년 뒤인 2010년 블록버스터는 파산했다.

2000년 당시 비디오 대여 시장을 독점하던 블록버스터로서는 영세한 후발주자를 인수할 필요가 없었을 것이다. 만약 당시 5,000만 달러에 블록버스터가 넷플릭스를 인수했다면 운명이 바뀌었을까? 나는 그렇지 않다고 생각한다. 역사에서 가정이란 의미가 없다. 똑같은 일을 해도 일하는 사람에 따라 그 성과가 다르기 때문이다.

A라는 친구가 있다. 주식을 잘하는 친구 B에게 좋은 종목 있으면 알려 달라고 한다.

"좋은 정보 없니?"

"이 종목 괜찮을 거야. 주식투자는 자기 책임인 거 알지?"

그 종목이 많이 오른 후 친구 B가 A에게 혹시 주식을 샀냐고 묻자 사지 않았다고 한다. 그 이유를 묻자 바빠서라고 한다. 막상 종목을 추천하자 확신이 없어 결정하지 못한 것이다. 이 상황을 몇 번이나 반복하다 보니 더 이상 친구 B는 종목을 추천하지 않는다.

이처럼 계속 남에게 의견을 구하지만 자신만의 생각에 빠져 선택을 하지 못하는 사람이 많다.

G사 대표이사 S는 국내에 가상화폐가 알려지지 않았을 때인

2012년 비트코인 채굴을 시작했다. 그리고 2014년 일본 마운트 곡스 거래소에서 발생했던 470억 엔(약 4,500억 원) 상당의 가상화폐 해킹 사건으로 당시 비트코인 가격이 90만 원에서 30만 원으로 하락했을 때 그는 결단을 내렸다. 비트코인 채굴 공장을 다른 사람에게 양도하고 가지고 있던 비트코인도 모두 처분했다.

시간이 흘러 비트코인 가격이 2,500만 원까지 올라갔다. 만약 당시 비트코인을 처분하지 않고 계속 가지고 있었다면 수천 억 원대 부자가 되었을 것이다. 이것 역시 가정에 불과하다. 어쩌면 당시에 한 선택은 올바른 결정이었을 것이다. 그에게 당시 선택에 후회는 없냐고 물으니 "다른 사람에게 이야기할 화젯거리 하나 생겼어요."라고 웃으며 말한다.

그는 물욕이 없는 사람이다. 회사 경영도 절대 무리하지 않는다. 그렇기 때문에 직원들에게도 힘들게 하지 않는다. 다만 직원들 스스로 열정과 도전, 생동감을 가지고 일과 삶의 균형을 이루기를 바라고 있다.

속도가 점점 빨라지는 비즈니스 세계에서는 의사결정 과정에서 실행까지 빠른 속도를 요구한다. G사 S대표처럼 자신의 결정에 후회하지 않는 삶을 사는 사람들의 특징은 사회 현상에 대한 호기심과 관심이 많으며 자신에게 기회가 온다는 사실을 믿는다는 것이다. 그들은 기회가 가면 또 다른 기회가 오는 것을 알고 있으며 언제나 결정하는 삶을 사는 사람들이다.

후회하지 않을 삶을 선택하기 위해 오늘도 열심히 책을 읽고 공부하며 좋은 사람들을 만나야 한다. 주변과 자신을 차단해 살다 보면 변화와 기회를 알아채지 못하게 된다. 깨어 있으면 선택하고 결정하는 일이 즐거운 일이 될 것이다.

지금 해야 할 일은

가장 어리석은 일이
예전에 자신이 생각했던 일이라는 말이다.
실행하지 못한 이유를 만들지 말아야 한다.
지금 해야 할 일은 생각한 일을 선택하고
선택한 일을 실행하는 것이다.
바보들은 항상 생각만 하고 행동하지 못한다.

기회는 작업복을 걸치고 찾아온 일감처럼
보이는 탓에 대부분의 사람이 놓쳐 버린다.

– 토머스 에디슨

성장과 퇴보,
CEO에게 달렸다

　우리는 급변하는 환경에 살고 있다. 4차 산업혁명은 차라리 흘러간 옛 노래 같다는 생각이 들 정도다. 인공지능(AI)의 출현 등으로 하루하루가 천지개벽하는 시대를 목격하는 셈이다. 급격한 변화에 따른 혼돈과 혼란으로 이를 따라가기도 벅차 무게중심을 잡지 않으면 방향을 잃고 길을 잃을 수 있다는 생각이 든다. 이런 때일수록 오늘을 사는 우리들에게 필요한 것은 자기 경영 전략과 이를 성과로 나타낼 수 있는 실행력이 필요하지 않을까 하는 생각이다.

　목표를 달성하기 위한 강력한 실행력만이 결과를 도출하게 할 수 있을 뿐만 아니라 그에 맞는 역량도 키울 수 있다. 실행력을 통해 자기 발전의 선순환 구조가 만들어진다. 지속 발전의 선순환 구조를 만들기 위해 반드시 필요한 것은 'CEO 마인드'이다.

CEO 마인드는 선천적인 것이 아니라 스스로 노력해서 만들어지는 것이다. 창업주라고 해서 CEO 마인드가 있거나 2세 경영인이라고 해서 이것이 부족한 것은 아니다. 기업인들 중에는 키가 큰 사람, 키가 작은 사람, 뚱뚱한 사람, 홀쭉한 사람, 성격이 급한 사람, 여유가 있는 사람 등 다양한 유형이 있다. 중요한 것은 비전과 목표, 전략과 열정을 가진 사람이 CEO 마인드가 있는 사람이라는 것이다.

기업 경영 전략과 관련하여 D사 H대표가 자신의 생각을 보내왔다. 그는 2세 경영인이다.

사무관님, 안녕하세요. D사 H입니다.

회사를 이어받은 지 얼마 되지 않았지만 기업 경영과 관련하여 여러 가지 생각을 나누고 싶어 이렇게 메일을 보냅니다.

회사를 경영함에 있어 여러 가지 어려움이 있지만, 그중 가장 큰 것은 바로 직원 관리가 아닐까 합니다. 대표가 아무리 임직원들에게 잘한다고 한들 그 아래의 임원 또는 팀장들이 잘못하고 있다면 최악의 경우 회사에 도움이 될 사람들이 떠나는 일들이 생깁니다. 임원들의 사내정치는 직원들의 신상에 좋지 않은 영향을 미치기 때문에 대다수가 그들의 눈치만 보게 됩니다.

창업공신을 무조건 버리는 건 맞지 않겠지만, 그들이 과거에 얽매여 변화를 하지 않으려 하고, 창업에 기여한 부분만을 강조하여 초기 멤버로서의 권력만 강조한다면 기업은 안 좋은 방향으로 갈 수밖에 없습니다. 기업이 성장하려면 임직원이 소통할 수 있는 환경이 중요합니다. 또한 특정인사의 입김에 의해 기업의 정책 방향이 수시로 바뀌는 일을 줄여야 합니다.

경영자는 수많은 정보를 토대로 기업의 발전에 어떤 것이 중요한 요인이 될 수 있고, 어떤 것이 최적의 결정인지 충분히 파악하고 결정하여야 합니다. 그렇기에 그 누가 전달하는 정보일지라도 반드시 그것에 대한 검토를 하여야 하며 필요 시 비밀도 보장하여야 합니다. 무엇보다 다양한 부분을 경영자와 터놓고 얘기할 수 있는 분위기를 만드는 것이 가장 중요합니다.

다른 중요한 부분은 '시스템을 만드는 것'이라고 생각합니다. 한 번에 완벽한 시스템을 갖추기는 힘들겠지만 우수한 기업들의 경영 방식을 벤치마킹하여 우리 회사에 맞는 시스템을 만들어 가려 하고 있습니다. 예를 들어 소수 의견만 반영된 '인사평가'라든가 체계 없이 이루어지던 '업무처리 방식'을 대폭 개선하고 합당하고 적정한 포상 또는 징계 시스템을 구축함으로써 임직원들이 각자 맡은 역할을 제대로 수행하도록 해야 한다고 생각합니다.

많은 기업에서 대다수의 CEO가 거의 모든 결정을 하고, 그에 따라 회사가 움직이고 있을 것입니다. 하지만 1인 중심의 경영 방식은 CEO의 부재 시 기능이 제대로 작동되지 못하거나 생산력 향상에도 악영향을 미칠 수 있습니다. 모두가 경영자만 바라보고 있고, 경영자의 지침이 내려오기 전까지는 아무것도 하지 않으려 하기에 담당자 선에서 진행되어야 할 부분도 지시가 내려오기 전까지는 진행이 안 될 때가 많습니다. 그리고 경영자가 직접 나서야 문제가 해결되는 부분도 많이 생기기에 비효율적 집단으로 변화하게 됩니다.

마지막으로 급변하는 시대에 맞춰 임직원의 생각이 바뀌어야 합니다. 과거에 얽매여 현시대에 맞지 않는 예전 방식을 고수하거나 예전에 성공했던 방법만을 고집한다면 요즘과 같이 빠르게 변화하는 시대에 뒤처질 수밖에 없습니다. 예전에는 아니었지만 지금은 맞을 수도 있고, 예전에는 맞았지만 지금은 그렇지 않을 수 있습니다. 과거의 경험만으로 현재를 결정하기에는 어려운 부분이 너무나도 많습니다.

이만 마칩니다.

그가 D사를 얼마나 크게 성장시킬지 궁금하다. D사는 다른 기업과 다른 특별한 점을 가지고 있었다. 임직원이 직업윤리상 지켜야 할 올바른 행동과 가치 판단의 기준인 '6대 기본윤리강령'을 제정하고 이를 실천하도록 하고 있다. 6대 기본윤리강령은 다음과 같다.

① 고객에 대한 무한 책임 경영
② 준법 경영과 공정한 자유 경쟁 경영
③ 협력회사 존중 경영
④ 임직원의 윤리적 행동 기준
⑤ 임직원에 대한 책임
⑥ 국가와 사회에 대한 책임

또 다른 2세 경영인인 G사 M대표는 아버지가 하던 일을 물려받은 여성기업인이다. 그녀는 아버지의 기술력과 전문성의 기반 위에 젊은 패기와 확고한 품질 관리 열정을 통해 더욱 기본에 충실한 기업을 운영하겠다는 다짐을 하고 있다. 그녀는 끊임없이 공부하는 마음가짐으로 최선을 다해 경영에 임하고 있다.

"실패라는 것이 사업이 엎어져 문 닫는 것만이 아니거든요. 중간 과정에서 무수히 많은 것에 대해 정주행도 하고 역주행도 하고 있습니다. 잘못된 부분에 대하여는 다시 계획하고 실행하고 있어요. 이런 것들이 한 10개 정도 됩니다. 한 번에 이것들을 끌고 나가야 해 어려울 때도 있지만 무엇보다 즐겁게 일하려고 합니다."

그녀가 끌고 가고 있는 과제들 중에는 중장기적인 미래 먹거리에 대한 부분도 포함되어 있다.

"아무리 계획을 잘 세워도 변수가 많아 실패도 많이 합니다."

그녀는 웃으며 말했다.

인류 역사가 시작된 이래 어렵지 않은 시대가 단 한 번이라도 있었을까? 그 시대마다 고비가 있었고 이를 해결한 탁월한 리더들이 있었다. 그들은 자기희생과 특유의 리더십으로 조직과 사람들을 승리로 이끌었다. 이기기 위해 전략과 전술을 활용하였고 때로는 필요한 전략을 도출하였다.

낮은 산은 뛰어넘고 높은 산은 터널을 뚫어 반드시 목표를 성취하겠다는 열정적인 실행력이 필요한 시대다. 개천에서 용 나는 시대가 아니라고 포기하고 있을 수만은 없지 않은가. CEO 마인드로 무장하고 전략과 전술을 가지고 헤쳐 나가자. 열정을 가지고 무서운 속도로 어려움을 헤쳐 나가자. 결국 열정 DNA를 가진 사람이 승리자가 될 것이다.

준비된 사람이 기회를 잡는다

지금 필요한 것은 준비다.
준비된 사람만이 기회를 잡는다.
행운이 찾아오면 놓치지 않도록
준비되어 있어야 한다.
준비되어 있지 않으면
기회를 알아채지 못한다.
준비된 자만이 기회의 앞머리를
움켜잡을 수 있다.

극복할 장애와 성취할 목표가 없다면
우리는 인생에서 진정한
만족이나 행복을 찾을 수 없다.

– 맥스웰 몰츠

긍정적이고 적극적인
관점을 가진 사람이 행복하다

같은 것을 봐도 긍정적인 면을 보는 사람이 있고 부정적으로 만 보는 사람이 있다.

청소부 A, B, C가 있다. 청소부 A는 정말 성실하다. 항상 새벽 일 찍 나와 정해진 시각에 일을 시작한다. 그는 늘 같은 방식대로 일 을 한다. 청소부 B도 주어진 일에 매우 성실하다. 그러나 두 사람 의 일하는 방식에 차이가 있다. B는 매일 사무실에 일찍 나와 일 하는 직원이 있으면 그 직원이 불편하지 않도록 그 자리부터 먼 저 청소를 하기 때문에 "비켜 달라."는 요청을 하지 않아도 된다.

청소부 C는 일이 전혀 즐겁지 않다. 돈을 벌기 위해 어쩔 수 없 이 일을 나온다. 단지 보이는 곳만 청소할 뿐이다. 다른 사람에게 인사하는 것도 귀찮다. 대충 시간만 때우면 된다는 생각으로 일을 한다. 일이 즐겁지 않으니 출근 시간에 늦는 경우가 많고 근무 태만으로 지적도 많이 받는다.

어떤 사람이 행복한 성공을 거두는 삶을 살게 될까? B처럼 일을 하는 사람이 전략적 사고로 일을 하는 사람이다. C는 결국 청소 일을 더 이상 할 수 없게 되었다. 불성실한 태도로 일했기 때문이다.

미국의 린든 대통령이 미항공우주국(NASA)을 방문했을 때의 일이다. 그는 한 청소부에게 무슨 일을 하고 있냐고 물었다. 청소부는 주저 없이 '우주선을 달에 보내는 일을 지원하는 일을 하고 있다.'고 답했다고 한다.

이렇게 말하는 사람은 일하는 것이 얼마나 즐거울까? 이런 마음으로 일을 하는 사람은 늘 즐겁고 행복할 것이다. 자신이 하는 일에 비전과 가치가 담겨 있기 때문이다.

어느 글에서 '필리핀에서 미국으로 이민 온 한 여성의 이야기'를 읽은 적이 있다. 그녀는 호텔 객실 청소원이었는데 손님의 스타일과 특성을 메모했다가 해당 손님이 호텔을 재방문하면 고객의 기호에 맞게 비품을 배치하는 등 철저하게 고객 중심적으로 일을 했다. 일을 하며 자신이 생각한 아이디어를 매뉴얼에 담았고, 이를 다른 직원들에게 알려 주기도 했다. 그녀가 호텔에서 높은 지위까지 올라간 것은 두 말할 것도 없다.

남과 같은 일을 해도 적극적으로 사고하고 행동하면 일이 즐겁고 행복하다. 그에 따른 보상도 받게 된다. 행복한 성공을 하게 되는 것이다. 그러나 즐겁지 않게 일을 하면 자존감도 떨어지고 만족감이 매우 낮아 전혀 행복하지 않게 된다. 자신도 괴롭고 타인도 괴롭게 할 가능성이 높다.

D사 K대표는 웬만한 사람은 다 아는 회사에 다녔다. 그러나 업무를 잘못 처리한 것에 대해 책임을 지고 회사를 사직하게 되었다. 부서장이나 다른 동료 대신에 모든 책임을 그가 떠안기로 한 것이다. 상사와 동료들은 그에게 무척 미안하게 생각했다. 그러나 젊은 혈기에 큰소리쳤지만 그에게는 딸린 식구가 넷이었다. 아이 셋이 초등학교에 다니고 있을 때였다. 먹고살 길이 막막했다. 인터넷에 올라온 구인광고를 보고 입사한 곳이 지금 회사다.

그는 영업을 하나도 몰랐지만 최선을 다해 발로 뛰었다. 처음엔 서툴렀지만 점점 영업에 자신이 붙기 시작했다. 2년 동안 그가 상당한 매출 실적을 올리자, 사장은 회사 규모가 커져 부담을 느꼈다. 그래서 운영하는 회사 2개 중 하나인 D사를 그에게 인수하라고 하였다. 자신이 가지고 있던 돈과 형이 융자해 준 돈을 합쳐 회사를 인수했다. 열심히 뛴 결과 매출이 매년 신장되었다.

D사는 공장을 임차하고 있었는데 보증금 5,000만 원에 월세

150만 원이었다. 매년 임대료가 올라 500만 원까지 월세가 올라 갔다. 자신의 공장을 지어야 할 상황이었다.

공장 근처에 밭이 하나 있었는데, 교장선생님으로 퇴직한 분이 주인이었다. 한여름에 밭주인이 밭에 나와 일할 때면 얼린 물을 대접하였다. 그는 혹시라도 밭을 팔게 되면 자신에게 매도할 것을 신신당부하였다. 5년이 지난 어느 날 밭주인이 그에게 밭을 인수하라고 했다. 그것도 시세보다 20% 싼 가격에…. 그는 교장선생님에게 지금도 명절 때마다 선물을 보내고 안부인사도 자주 드린다고 한다.

거짓으로 상대를 대하면 상대방은 알게 된다. 그는 "결과가 좋지 않다 하더라도 실망하지 않겠다는 생각으로 진심을 다하면 행복한 결과를 가질 수 있다."고 조언한다.

그는 늘 배우려는 자세가 되어 있다. 모든 것이 막막했던 초보 사장 시절, 같은 업종의 사장들에게 모두 배우겠다는 각오로 다가서며 타사의 장점을 '벤치마킹'하려고 하였다. 그가 적극적으로 질문하고 다가서자 업계의 경쟁자들도 그를 따뜻하게 대하며 알려 줬다고 한다.

현장에서 많은 중소기업과 CEO를 방문하고 면담하며 느낀 것이 하나 있다. 금전은 어떤 경우에도 비전이 될 수 없다는 것이다. 돈 이상의 가치를 가져야 돈이 따르게 된다.

계획 없는 목표는 한낱 꿈에 불과하다

목표가 있으면 열정이 생긴다.
열정 없이 목표에 도달할 수 없다.
목표가 있으면 계획을 수립해야 한다.
계획 없는 목표는 달성 방법을 알기 어렵다.
간절히 원하면 이루어진다.
다만, 꿈을 구체적으로 꾸었을 때 이루어지는 것이다.

당신이 거두어들인 수확물로
하루하루를 판단하지 말고
당신이 심은 씨앗으로
하루하루를 판단하라.

– 로버트 루이스 스티븐슨

사장 공부가
필요하다

리더라면 자신이 하나에서 열까지 참견하고 확인해야 시스템이 돌아가는 조직을 바라지 않을 것이다. 그러나 모든 것을 통제해야 직성이 풀리는 권위형 리더들이 우리 주변에 많이 있다. 독선적이며 보상과 처벌의 수단을 동시에 사용하는 리더 유형이다. 이런 회사는 CEO의 지시나 명령이 없으면 사업이 자발적으로 운영되지 않는다.

이상적인 경영은 CEO가 일일이 간섭하고 통제하는 시스템이 아니라 조직 구성원이 맡은 바 임무를 알아서 척척 수행하는 무간섭 경영이다. 우리가 꿈꾸고 바라는 무간섭 경영 시스템을 만들어 가기 위해 가장 중요한 역할을 하는 사람이 바로 CEO이다. 이렇게 되기 위해서는 제대로 된 진단과 처방이 필요하다.

사장 공부의 시작과 끝은 '시스템'을 올바르게 이해하는 것이다. 자신을 둘러싼 환경 시스템을 아무리 제대로 만들어도 이를 운영하는 사람이 규칙(rule)을 제대로 따르지 않으면 시행착오가 발생한다. 인풋(input)이 올바르면 아웃풋(output)도 올바를 수밖에 없다. 시스템은 정직하기 때문이다.

그러나 그 인풋을 하는 사람이 잘못 판단하는 경우에 문제가 생길 수 있기 때문에 적재적소에 올바른 사람을 배치하는 등 사람 관리가 매우 중요하다. 사장의 역할은 절대적으로 사람 관리를 잘해야 하는 것이다. 이를 위해 사람 관리를 잘하는 시스템을 우선적으로 만들어야 한다.

회사의 매출 규모가 늘어날 때마다 시스템이 달라질 수밖에 없다. 그러나 대다수의 사람은 자기가 하던 방식대로 하려는 경향이 있다.

중소기업에서는 목표 달성을 잘하는 사람이 많으면 많을수록 좋다. 그러나 중소기업 현실에서는 이것이 불가능하기 때문에 회사의 비전을 충실히 따라올 수 있는 성실한 사람이 필요하다. 비전을 공유하고 따라가고 협조하는 사람이 중요한 역할을 하게 하는 것이다. 이를 위해 사장은 기업의 목표를 공동화시키는 것이 매우 중요하다.

그리고 팔짱을 끼고 한 발 뒤로 물러나 협조적이지 않은 사람에 대해서는 성과를 주면 안 된다. 그런데 대부분의 중소기업은 친인척이라는 이유로, 사장과 술을 같이 먹는다는 이유로 성과를 주니 다른 사람들까지 영향을 받는다는 데서 문제가 발생한다.

100% 잘하는 직원은 세상 어디에도 없다. 사장은 자신을 닮은 열정적인 직원을 찾으려 한다. 자신과 같은 꿈을 꾸는 직원이 많아지기를 바란다면, 사장은 직원들을 다독이며 일을 해야 한다. 사장이 생각하기에 직원들이 일하는 모습이 썩 내키지 않는 경우가 많을 것이다. 그러나 남들이 보기에 완벽한 사장도 없다.

사장 스스로 자신은 잘하고 있는지 되돌아봐야 한다. 자기는 못하면서 직원들이 완벽하기를 바라는 것은 우스운 일이다. 사장 스스로 모범을 보여야 한다. 아이가 부모를 보고 배우는 것처럼 직원들도 대표를 보고 배운다. 사장은 이것을 항상 마음속에 담아 두고 일을 해야 한다. 직원들만 닦달해서 되는 것은 하나도 없다.

중소기업에서 '자리가 사람을 만든다.'는 말은 사실 맞지 않는 말이다. 왜냐하면 실력이 채 20%도 안 되는데, '언젠가는 되겠지.' 하며 계속 일을 맡기다가 최악의 결과를 내놓는 어리석음을 범할 수 있기 때문이다. 그렇기에 무엇보다 적재적소에 적임자를 배치하는 것이 중요하다. 적임자 배치가 어렵다면, 지정한 사람이 그곳에서 능력을 발휘할 수 있도록 '시스템'을 만드는 것이 바람직하다. 유능한 사람이 들어와야 하는데, 중소기업은 사람을 고를 수 있는 입장이 되지 못하기 때문이다.

내가 아는 한 소규모 기업은 정기인사라는 것이 별도로 존재하지 않고, 수시인사도 1년에 한 번이 될지 3년에 한 번이 될지 기약이 없다. 조직 개편이라든지 인사 배치라든지 시스템 변경에 대한 문제가 누적되다 보면 '우리 회사는 시스템이 안 되어 있다.'라고 받아들이게 된다. 그렇게 되면 정체되고 썩은 물이 된다. 이런 경우 사장이 어떻게 문제를 해결할 수 있을까?

중소기업은 산들바람에 넘어갈 수도 있다는 것을 명심해야 한다. 오직 '영업'과 '매출'에만 관심을 가져서는 시스템에 문제가 발생할 수밖에 없다. 사장과 임원은 정기적으로 시스템에 대한 진단과 해결을 위한 회의를 해야 한다. 아무리 소규모 조직이라도 개편의 긍정적·부정적인 효과에 대한 분석을 하여야 한다. 그 이후에 개편을 해도 늦지 않는다.

사장에게 제일 두려운 날이 월급날이다. 회사가 돌아가야 하기 때문에 사장이 무엇보다 물적 자산과 현금의 흐름에 관심을 가지는 것은 당연하다. 그러나 회사가 성장하기 위해서는 우수한 직원 채용, 교육 투자 등을 통해 인적 자원을 키워 가는 것도 매우 중요하다. 재무적인 안정성을 기반으로 우수한 인적 자원이 활약할 수 있는 무대를 만들어야 한다.

사장은 직원이 능력을 제대로 발휘할 수 있도록 만들어 주기 위하여 시스템을 계속 모니터링해야 한다. 그래야 회사가 성장하고 발전한다. 그렇지 않은 회사는 퇴보하다 사라지게 된다. 사장 공부의 처음과 끝은 사람들이 제대로 일할 수 있도록 시스템을 이해하고 만들어 가는 것이다. 그러려면 끊임없이 공부를 해야 한다. 아는 것만큼 문제가 보이기 때문이다. 어떤 것이 문제인지 알지 못하면 이를 해결하지 못하고 발전할 수 없다.

인적·물적 자원을 융합하고 역량을 통합하지 못하면 무한경쟁시장에서 살아남을 수 없다. 이를 위해 끊임없이 시스템화하고 자기 객관화를 해야 한다. 외부와 소통하고 대화하기 위해 공부를 해야 한다. 최신 트렌드 변화에 대한 지식과 인문학적인 소양도 갖추어야 하니 사장의 길은 멀고도 험하다.

공부와 훈련을 통해 조직의 CEO가 되고 자기 삶의 CEO로 거듭나게 된다. 밑바탕에는 자신만의 경영 전략이 있어야 한다. 자신만의 경영 철학이 없으면 조그만 비바람에도 세상이라는 망망대해에서 난파될 수 있다.

농부의 마음

씨 뿌리고
바로 수확하면 일회성이다.
씨 뿌리는 일을
반복하면 매년 수확할 수 있다.
눈앞의 이득에만
마음이 가 있으면
중요한 가치를 잃고 있는 것이다.

자신은 할 수 없다고 생각하고 있는 동안은
사실은 그것을 하기 싫다고 다짐하고 있는 것이다.
그러므로 그것은 실행되지 않는 것이다.

- 스피노자

가까워지기 위해서는
상대방에 대해 기억해야 한다

사람의 만남에 어떤 특정한 의도나 도움을 바라며 만나는 관계는 그리 오래가지 않는다. 이러한 만남은 오로지 목적이 있는 만남이며, 편한 관계의 만남이 아니기 때문이다. 모든 관계에 일방적인 통행은 없다. 아무리 '일로 만난 사이'라도 개인적인 프라이버시 영역이 포함될 수밖에 없기 때문이다. 오로지 사무적이기만 하면 그 관계는 더 이상 진전될 수 없다.

『오자병법』을 남긴 전국시대 위나라 장수 오기는 평상시는 물론 전시에도 자신의 부하들과 동고동락하여 병사들로부터 신뢰를 얻었다. 잘 때도 돗자리를 깔지 않았고, 행군 시에도 말이나 수레를 타지 않고 함께 걸었다. 자신이 먹을 식량도 직접 짊어지고 다녔다.

어느 날, 한 병사가 몸에 심한 종기가 났는데 오기가 입으로 고름을 빨아 낫게 해 줬다. 나중에 그 이야기를 전해들은 병사의 어머니는 통곡하며 쓰러졌다. 동네 이웃이 "장군이 입으로 종기를 빨아 주었다는데 왜 그리 슬퍼하는 거요?"라고 했다. 어머니는 "그런 게 아니라오. 오장군은 애 아버지도 종기를 빨아 주었는데, 전쟁에서 맹렬히 싸우다 전사했소. 그런데 내 아들의 종기도 빨아 주었다고 하니 어떡하면 좋습니까? 내 아들 운명도 정해진 것이 아니겠습니까?"라며 슬피 울었다고 한다.

이처럼 리더가 부하를 알아준다면 부하는 최선을 다해 싸울 것이다.

"어이, 자네. 고향이 어디지?"
"대전입니다."
"이번 추석에 고향에 내려가나?"
"저 부모님, 돌아가셨어요."
"그럼, 자네 형님 집으로 가나?"
"아뇨, 제가 장남인데요."

상사나 동료가 예전에 물었던 것을 기억하지 못하고 똑같은 질문을 매번 계속한다면 그에게 더 이상 관계의 진전이나 관심을 기대하지 않을 것이다. 기억하지 못할 의례적인 질문은 하지 않아

야 한다. 만약 질문했다면 나중에 메모를 해서라도 반드시 기억해
야 한다.

조직 사회에는 위계질서에 의한 서열이 존재하지만 사람과의
관계까지 서열이 적용되지는 않는다. 아무리 윗사람이라도 대등
한 수준의 관심과 배려가 없으면 더 이상 관계의 진전이 있을 수
없다. 현재 가지고 있는 직함을 떼면 사람은 보잘것없는 존재에
불과하다. 세상사 일방적으로만 도움을 주고받는 관계는 어디에
도 없다.

성공하는 법

성공하고 싶다면 계획을 세워라.
그 다음에 실천하라.
제대로 가고 있는지 확인하라.
문제가 있으면 개선하라.
계획과 실천, 점검과 개선의 반복에
성공 여부가 달려 있다.

저 밝아 오는 아침 어딘가에 기적이 숨어 있다.
새로운 하루, 새로운 시도,
또 한 번의 출발이야말로 얼마나 큰 기쁨인가!

– 조지프 프로스틀리

행복은 내가
만드는 것이다

어렸을 때 자기보다 못하다고 생각했던 동네 친구가 부자가 되어 나타나면, 회사에서 동료가 더 빨리 승진을 하면 어느새 의기소침해지고 좌절한다. 타인이 잘되는 것을 축복하고 받아들이기는 여간 쉬운 일이 아니다. 오죽하면 '사촌이 땅을 사면 배가 아프다.'는 속담이 있을까?

상대와 비교하여 자신이 못났다고 생각하는 순간 절망하게 된다. 겸손하지 못하고 잘난 척하는 상대를 보면 꼴사나워 미워하는 감정이 절로 생긴다. 상대를 향한 칼날은 상대방에게도, 자신에게도 향해 있다. 우리는 다른 사람의 시선에서 자유롭지 못하고 이에 얽매이는 경향이 있다. 이러한 이유로 "사람에게는 6가지 감옥이 존재한다."고 심리학자 케이치프 노이드는 말한다.

첫째, '자기도취'의 감옥

둘째, '비판'의 감옥

셋째, '절망'의 감옥

넷째, '과거 지향'의 감옥

다섯째, '선망'의 감옥

여섯째, '질투'의 감옥

자신의 삶을 살지 못하고 타인의 삶을 사는 사람들은 이런 종류의 감옥에 갇히기 쉽다. 시샘하고 질투하는 사람들이 많은 공간에는 공기가 다르다. 너무나도 숨이 막혀 견디기가 쉽지 않다. 이 6가지 감옥에서 벗어나도록 조직 구성원들에 대한 교육과 훈련이 필요하다.

나도 한때 6개의 감옥에 자주 갇히곤 했다. 어느 때는 동시에 여러 개의 감옥에 수감되었다. 이러한 감옥은 타인에 의해 갇히는 것이 아니라 자신이 만든 감정에 의해 스스로 갇히게 되는 것이다. 어떻게 하면 이런 감옥에 들락날락하지 않고 자유를 얻을 수 있을까?

이러한 감옥으로부터 자유로워지고 행복한 삶을 살기 위해서는 3가지가 필요하다.

첫째, 자신의 삶과 타인의 삶을 인정하고 존중해야 한다.

무엇보다 다른 사람과의 차이를 인정하고 존중하는 사람만이 나를 자유롭게 할 수 있다. 그러기 위해 타인의 시선으로 자신을 보지 말고 오직 나만의 시선으로 세상을 보아야 한다. 마음속 거울에 자신을 비출 때는 오직 자신만을 바라봐야 한다.

사람들은 모두 자신만의 매력과 장점을 가지고 있다. 이러한 사실을 인정하고 받아들여야 한다. 함께 두어 대조하고 비교해 상처받지 말고 따로 봐야 한다. 그래야 타인과의 관계가 편안하고 오래갈 수 있다. 각각 좋은 점들을 인정하고 받아들여야 한다.

둘째, 자신을 둘러싼 모든 것들을 사랑하고 감사해야 한다.

이것은 그냥 되는 것이 아니다. 의식적인 노력이 필요하다. 부정적인 생각이 스멀스멀 내면에 차오르기 전에 마음속으로 그리고 입 밖으로 "감사합니다."를 외치는 것이다. 그리고 "사랑합니다."를 외치고, 이어서 "행복합니다."를 외친다. 그러면 정말로 감사하고 사랑하며 행복한 감정이 든다. 이 책을 읽는 독자들에게 꼭 권한다.

시간이 나면 긍정적이고 좋은 에너지가 생성되는 것이 아니라 잡생각과 나쁜 생각이 든다. 이때 '감사행'을 외쳐야 한다. 사람의 감정은 수동적으로도 능동적으로도 만들어진다.

셋째, 내가 상대에게 준 것은 잊어버려야 한다.

정량적으로 '기브앤테이크'를 따지다가 관계가 틀어지는 것을 많이 봤다. 내가 가진 것을 주되, 받는 것은 바라지 말아야 한다. 오랫동안 주었으나 오지 않으면, 그 다음부터 안 주어도 그만이다. 괜히 마음고생할 일 아니다. 상대에게 이를 표현해 감정 상할 일도 아니다.

직원복지에 치중하는 한 사장이 "나는 너희에게 이만큼 하는데, 너희는 왜 이러니?"라고 말한 순간 그 베풂이 반감된다. 참 이상하다. 승진 인사에 누락된 한 직원은 사장에게 따졌다. 자신의 공적을 입 밖으로 내는 순간 그동안 했던 일이 대가를 바라며 한 일이 되었다.

인도 갠지즈강에 줄 지어 있는 거지들에게 돈을 주면 감사하다는 말 대신 "당신에게 신의 축복을"이라고 말한다. 내가 돈을 받음으로써 당신이 복을 쌓을 수 있으니 얼마나 좋으냐는 의미다. 인생은 어느 면을 보느냐에 너무나 다르게 해석된다. 어쨌든 행복은 선택이다.

부탄은 우리에게 행복지수가 가장 높은 나라로 알려져 있다. 부탄 국민들이 행복한 삶을 사는 이유를 빈부격차, 불교적 삶, 깨끗한 자연환경 등을 들고 있다. 다른 사람과 비교하여 상대적인 잘남과 못남을 비교하지 않으니 행복하게 사는 것이 아닌가 하는 생각이 든다.

조직 사회도 조직원들 간에 지나치게 경쟁을 유도하지 말고 일에 대한 즐거움을 느끼도록 하면 어떨까? 부족함을 드러내어 고통을 받는 것보다 좋은 점을 더 축복해 행복한 삶을 사는 것이 더 현명한 일이다.

매일 새로운 출발

같은 것들만 계속 반복하며 살면
인생을 단축하는 것과 같다.
어제와 같은 오늘은
기억할 필요가 없기 때문이다.
매일 새롭게 출발하자.
삶이 흥미로워진다.
설레는 아침을 맞이하게 될 것이다.

일은 3가지 악덕을 몰아낸다.
권태, 타락, 빈곤이 그것이다.

– 볼테르

목표에 제대로 가고 있는지
점검하고 확인해야 한다

내비게이션이 나오기 전에 자동차 운전자들은 고속도로 휴게소 등에서 구입한 전국 도로지도 1~2권씩은 가지고 있었다. 여행을 떠나기 전에 정확히 어디를 어떻게 가야 할지 지도를 보고 계획을 짜곤 했다.

지금은 주소만 입력하면 전국 어디든 편하게 내비게이션이 목적지를 안내한다. 불과 얼마 전까지는 차량 매립형 내비게이션을 많이 사용했으나 요즘에는 모바일 내비게이션 앱을 더 많이 사용하는 경향이 있다.

얼마 전에 경기도 동탄 신도시로 이사를 간 지인의 집을 방문할 일이 있었다. 오후에 다른 일정이 있었기 때문에 아침 일찍 자동차를 타고 출발하였다. 내비게이션이 안내하는 지점에 갔으나 목적지가 나오지 않아 무척 당황스러웠다. 나는 내비게이션에 오류가 발생한 걸로 알고 당황하여 그 지점을 두 번이나 되돌아왔다. 아침 일찍 출발해야 해 전날 지인이 보내준 주소를 내비게이션 앱에 입력하는 도중 걸려 온 전화를 받다가 마지막 주소를 미처 입력하지 못한 것이다.

성공으로 가는 길도 내비게이션 목적지 입력과 비슷하다. 정확한 목적지가 입력되지 않으면 엉뚱한 방향으로 갈 수 있다. 제대로 목표가 설정되어 있는지 반드시 확인해야 한다. 제대로 목적지가 입력되어 있고 자동차에 기름이 가득 차 있다면 출발만 하면 된다. 출발만 하면 어느새 목적지에 도착해 있을 것이다.

계획을 수립하지 않은 채 목표에 도달하는 사람은 없다. 성공해야 할 이유가 있으면 반드시 목적지를 설정하고 힘찬 발걸음을 내디뎌야 한다. 목적지에 도달하기 위해 세운 계획은 실행 버튼을 누르지 않으면 움직일 수 없다. 모든 성공한 사람은 자기만의 계획과 실행을 가지고 있었다.

지금 간절한 꿈을 가슴에 간직하고 있다면 계획을 세워라. 그리고 행동하라. 보완해야 할 점이 있으면 재빨리 보완하라. 자신을 믿어야 목표에 도달할 수 있다.

밥 먹고 사는 일의 가치

우리는 일을 하며 배우고 성장한다.
일을 싫어하는 사람은
일의 소중함을 모르기 때문에
절대로 행복할 수 없다.
밥 먹고 사는 일의 가치는
그 어떤 것보다 중요하다.

나를 찾아주는 모든 것에 감사하다

전작『우리는 누구나 1인 CEO이다』를 두고 "어떻게 책을 쓰게 되었냐?"는 질문을 많이 받았다. 내 인생에서 작가의 길은 생각 지도 못했다. 그런데 현장에서 많은 중소기업을 방문하고 CEO 들을 만나며 많은 생각을 하게 되었다. 직원을 '비용'으로 여기며 소위 '갑질'로 종업원에게 씻을 수 없는 상처를 주는 CEO가 있 는가 하면, 직원들을 '파트너'로 여기며 '높은 성과'를 내는 CEO 도 있었다. 생산 현장에서 필수 요소인 4M(Man, Material, Method, Machine)을 넘어 직원들의 근무환경(Mother-Nature)이나 사기 (Morale)까지 고려하는 CEO가 있는 반면, 직원들의 휴게 공간이 나 정서에는 전혀 무관심한 CEO도 있었다.

나는 무엇보다 'CEO 마인드'가 중요하다는 생각을 했다. 이를 키워 갈 수 있는 것이 PDCA(Plan-Do-Check-Action)이며, 이를 통해 통찰력(Insight)이 생긴다고 느꼈다. 내가 느낀 점을, 창업을 꿈꾸는 청년들과 중소기업 CEO들과 함께 나누고 싶었다. 이는 성공적인 삶을 살고 계시는 CEO분들이 소중한 경험들을 나눠 주신 덕분이다.

다행히도 출판사를 통해 첫 책을 출간하게 되었다. 매우 감사한 일이다.

사실 두 번째 책을 쓰겠다는 계획은 없었던 터라 출판사에서 출간 제의를 받고 처음에는 많이 당황스러웠다. 무엇보다 작가가 아닌 나에게 책을 써 달라는 요청이 매우 놀라웠다. 거의 2주일을 고민했다.

'9988', 이는 국내 기업의 99%, 고용의 88%를 차지하는 중소기업의 중요성을 말하는 대표적인 상징이다. 그런데 현장의 중소기업 사장들과 직원들이 행복하지 않다는 느낌을 받았다.

'위기의 상시화'로 감각이 무뎌진 것일까? 말로만 변화를 외치고 있으나 행동은 변화하지 못하고 있다는 생각을 했다. 많은 사람에게 열정적으로 동기를 부여하고, 행복한 감정을 느끼게 하는 책을 쓰고 싶었다. 딱 한 번만 쓰겠다고 생각했던 일이 나에게 또 다른 의미가 되고 있다.

퇴근 후 2~3시간씩 글을 쓰고, 주말이면 하루 종일 글을 썼다. 책을 쓰는 시간은 나를 돌아보고 반성하는 시간이 되었다. 나의 삶을 있는 그대로 인정하게 되고, 감사하게 되었다. 많은 것을 깨우친 시간이었고, 행복한 시간이었다.

이 책이 세상에 나오게 된 것은 많은 분이 '아이디어'와 '콘텐츠'를 나눠 준 덕분이다. 그분들 모두가 나에게 '멘토'였다. 덕분에 더 한층 성장하게 되었다. 감사의 말씀을 드린다. 이 책을 읽는 모든 분이 행복한 성공을 이루길 바란다.